新しい自分を
「再起動」する方法

RESET
リセット

井上裕之

きずな出版

はじめに――あなたは、なぜ変われないのか？

書店に足を運ぶと、たくさんのビジネス書や自己啓発書であふれています。

基本的にこれらは「自分を変えるための本」です。

新しい情報に触《ふ》れ、尊敬する誰かの考えを知り、これまでの自分をアップデートし、別人のように生まれ変わっていく。それを目的に、ビジネス書や自己啓発書は存在しています。


では、質問させてください。


あなたに「人生を変えた、運命の一冊」はありますか？

その一冊であなたの人生は、本当に変わりましたか？

変わらなかったからこそ、新しい「運命の一冊」を求めているのではありませんか？

おそらくあなたにも、「運命の一冊」はあるでしょう。高名な経営者によるビジネス書かもしれませんし、優《すぐ》れた自己啓発書だったり、文豪の記した文学作品だったりするのかもしれません。「目からウロコが落ちた」とか「人生観が一変した」と、感動した経験は誰にでもあると思います。

しかし、自分が変わり、人生が変わったかというと、そこまでは言えない。読み終えた直後にはあれだけ興奮してやる気に満ちていたのに、いつのまにかその興奮も冷《さ》めている。そして書店に足を運び、次なる「運命の一冊」を探している。

これはちょうど、ダイエットに挑戦してはリバウンドしてしまう人たちと似ています。一時的なダイエット（自己変革）はできても、その状態をキープすることができず、すぐにリバウンドしてしまう。元の自分に戻ってしまう。それで「このダイエット法はダメだ」とばかりに、新しいダイエットに飛びつくのです。

ビジネス書や自己啓発書でも、まったく同じことが起きていると思いませんか？

ここで私は断言します。

あなたは「変われない」のではありません。
われわれ人間は、一人の例外もなく変わることができます。
ただし、みんな「元に戻ってしまう」のです。
変化した新しい自分をキープできず、気がつくと元の自分に戻ってしまう。
そんな「心のリバウンド」に、最大の問題があるのです。
私は今回この本で、頑固《がんこ》な「リバウンドぐせ」を解《と》く方法を紹介していきます。
キーワードは「RESET」です。

人間は「変化」など求めていない?

ここで、一つの実験を行いたいと思います。
左手で、プラスチックの定規を持ってください（手近に定規がなければイメージするだけでも構いません)。

次に、定規の端を右手でググッと押していく。

定規は大きく湾曲していきますね。

そして右手を離すと、定規は元通りまっすぐに戻ります。


これは、あなたの心を可視化《かしか》した実験です。


まっすぐに伸びた定規は、あなたの心。

右手によって加えられた力は、自己啓発書の効力。

この外部から加えられた強い圧力によって、あなたの心は変わる(曲がる)わけです。

そして、定規と同じように、その圧力が手放されれば、あなたの心は必ず元の形に戻ります。つまり、あなたの心は、本質的に変わることなど望んでいないのです。

「変わる」とは、恒常的な圧力(ストレス)を受け入れることを意味します。

よほど精神力の強い人でない限り、そのストレスに耐えることはできないでしょう。だから、みんなストレスを退《しりぞ》ける。元の状態へ戻るのです。

では、どうすればいいのか。

圧力を強めたり、何年何十年と圧力を加え続ければいいのでしょうか?

そんなことをしたら、心という名の定規はポッキリ折れてしまうでしょう。割れやすい定規もあれば、丈夫な定規もあるように、心の耐久性は人によって大きく異なります。

「元に戻りたい」「変わりたくない」性質を持った心を変えるためには、まったく別のアプローチが必要になります。

方法は一つだけ。

それは、心の形状そのものを「リセット」することです。

たとえば、鉄も竹もプラスチックも、熱を加えれば曲がります。そして曲がった状態のまま冷やせば、それがデフォルトの形状になる。新しい姿へとリセットすることができます。

同じように、あなたの心にも特別な熱を加え、新たな形状にリセットしてしまえばいいのです。

「リセット」とは何か

さて、お気づきの方もいらっしゃるでしょうが、いま私は、二つの矛盾するお話をしました。

まず、われわれは「変わりたい」と思い、「運命の一冊」を探し求めている。

次に、われわれの心は、本質的に「変わりたくない」と思っている。

つまり、頭では「変わりたい」と思っているけれども、心のほうは「変わりたくない」と思っているのです。私たちは常に、この矛盾を抱《かか》えています。


「いまのままじゃダメだ」

「あの人が羨《うらや》ましい」

「こんどこそ成功させたい」

どれだけ強く頭で願っても、心が「変わりたくない」ままであれば、変化はあり得ません。いつものごとく「リバウンドぐせ」が発揮されるだけです。

本当の自己変革のためには、矛盾を解消しなければならない。頭と心を一致させることが第一条件なのです。

そのために必要なのが「リセット」です。

「リセット」と聞いて、イメージするのは、ゲームをファーストステージからやり直すような場面かもしれません。

「一からやり直す」

「ゼロからスタートする」

そんな言葉が連想されがちです。

しかし、ここでのリセットとは「ゼロにすること」ではなく、「頭と心を一致させること」だと考えてください。

私たちの頭が考えること、それは「意識」です。

あなたが自分の意志で、「変わりたい」とか「運命の一冊に出会いたい」と考えた「思い」です。

一方で心とは、「無意識」です。

「変わりたい」と思っているのに、いつのまにか圧力に反発して、元に戻ってしまう。あなたの意志は関係なく、自然とそうしてしまう無意識の力です。

リセットとは、そうした「頭と心を一致させること」。つまり、「意識と無意識を一致させること」を意味します。

意識的に「変わろう」と思い、本を読んで学び、行動を起こして、それを継続する。

さらに、無意識のレベルにまで変化を呼び込み、変化を受け入れられる状態を整える。

そんな意識と無意識が一致した（＝リセットした）状態になって初めて、本当の自己変革がスタートするのです。

リセットで未来をつくる

リセットは、決して特別なことではありません。

人生のいつからでも、何度だって行うことができるし、誰にでもできることです。


私は今年、還暦を迎えました。

これまでの人生をふり返ってみると、われながらずいぶん変化の多い人生でした。

歯科医師になり、「世界レベルの医療を提供したい」とニューヨーク大学で、世界トップクラスのインプラント治療などを学びました。

その後、故郷・帯広に開業した医院には、専門的な治療を求めて世界中から患者さんが集まるようになりました。

また、よりよい病院経営を行うためにISO規格（国際的な品質保証の基準）を取得したり、現在は東京医科歯科大学など国内外7大学で役職を務めるなどしています。

一方で、40代に入ってからは著者デビューを果たし、これまでに累計130万部以上の本を刊行してきました。世界初のジョセフ・マーフィー・トラスト公認グランドマスターにも認定されたことなどから、「潜在意識」の力を伝えるべく積極的に講演活動も行っています。

プライベートでは、医院のある帯広を拠点にしながら、毎週末を東京の外資系ホテルで過ごす生活を、もう15年以上続けています。

20代のときの私は、こんな60歳になるとは想像もしていませんでした。あの頃、夢に見た以上に、やりがいのある仕事に取り組み、充実した暮らしを送っています。

こんな未来を手に入れられたのは、私が人生の中で何度も「自分を変えたい」「成長したい」と願い、それまでの自分をリセットしてきたから。

そうして、自己変革をくり返し達成してきたからこそ、いまがあるのです。

こうふり返ると、つくづく「人には無限の可能性がある」のだと感じます。

人は、何だってできる。
誰だって成功をつかみ、夢を叶《かな》えることができるのです。

そう、リセットすることさえできたなら。
リセットによって、自己変革ができるようになると、未来を自《みずか》らの手で思い通りにつくれるようになります。

この本はあなたの「変わりたい」という思いに応えるための一冊です。
本書を読んで、いまのあなたをリセットすることで、本当の自己変革が始まります。
さあ、「新しい自分」に会いにいきましょう。
まだ見ぬ未来を、あなた自身の手で描いていきましょう。

目次

第2章 考え方の「クセ」をリセットする

第3章 可能性の「上限」をリセットする

第4章 環境の「前提条件」をリセットする

第5章 情報と体験を「インストール」する

第6章 奇跡は「当然の結果」として訪れる

図版制作：五十嵐好明（LUNATIC）

RESET

［リセット］——新しい自分を「再起動」する方法

第1章

なぜ「元の自分」に戻ってしまうのか

変われない「真の理由」は、どこにあるのか？

「これまでダイエットに挑戦したことがある、という人は手を挙げてください」

私がセミナーや講演会などの場でこう質問すると、かなりの割合の方が手を挙げてくれます。美容目的のダイエットから、メタボ対策まで。ダイエットは、いまや老若男女を問わない国民的関心事です。

ところが、次の質問を投げかけると会場の様子が一変します。

「それでは、ダイエットに『成功』したという人は、そのまま手を挙げ続けてください」

面白いことに、こう質問すると、ほとんどの方が手を下ろすのです。

何らかのダイエットに挑戦したことがある。

ジムに通ったり、ジョギングを始めたり、食事制限を試みたりしたことがある。

しかし、何年にもわたって「成功」したことはない。

いつのまにかリバウンドして、元の体重・元の体型に戻ってしまう。


これは、ダイエットに限った話ではありません。

「健康のことを考えて、禁酒や禁煙にチャレンジする」

「海外旅行での失敗をきっかけに、英会話スクールに通い始める」

「散らかった部屋をどうにかしたいと、片づけの本を手に取る」

「将来の転職に備えて、資格取得の勉強に取りかかる」

「いまの自分を変えたくて、自己啓発書を買いあさる」

「正月を迎えるたびに、『今年こそは！』と気合いを入れる」

なのに、継続できない。

気がつけば、「元の自分」に戻ってしまう。


意志が弱いからでしょうか？

気合いや根性が足りないからでしょうか？

私たちは変わることなどできないのでしょうか？


違います。

私たちは誰もが、何歳になってからでも、変わることができます。


あなたに足りないのは気合いや根性ではなく、知識です。

たとえばフィットネスジムで身体を鍛えようと思うなら、専門知識を持ったパーソナルトレーナーによる指導が欠かせません。

自己流のトレーニングや食事制限をくり返しても、効果は上がらないし、仮に一時的な効果が出たとしても、すぐにリバウンドしてしまうでしょう。

同様に、これまでのあなたは「心のメカニズム」に関する知識を持たないまま、自己流のチャレンジをくり返してきたのです。リバウンドするのも当然のことでしょう。

くり返します。

あなたは変わることができるし、たくさんの変化を経験してきました。

しかし、その変化に耐えきれず、元の自分に戻ってきました。

いったいなぜ、元の自分に戻るのか？

まずはその点を明らかにするところから、話を進めていきましょう。

「元の自分」に戻ってしまう3つの理由

私たちは「変われない」のではない。

問題は「元の自分に戻ってしまう」ところにある。

言い方を変えるなら、「元の自分に戻る理由」を知り、そこを克服していけば、いくらでも変わることができる。

さまざまな変化や成長を遂げ、理想の自分になることができる。

この視点を手に入れるだけで、議論はずいぶんシンプルになります。

では、私たちが「元の自分」に戻ってしまう理由はどこにあるのか。

私は、次の3つを挙げたいと思います。

【第一の壁】すぐに「結果」を求めるから

これは「結果が出る前に諦《あきら》める」というパターンです。

本当に自分を変えるためには、それなりの時間がかかります。

ところが人は、「1週間で痩せる」とか「10日でマスター」といった、インスタントな言葉に飛びついてしまう。手近な結果を求めてしまう。

そして、ほんの短い「お試し期間」で結果が出ないからといって、諦める。

つまり、「元の自分」に戻ってしまうのです。

【第二の壁】真剣に「考えていない」から

これは「一度や二度の失敗で諦める」というパターンです。

新しいことにチャレンジしたとき、挫折《ざせつ》や失敗を経験するのは当たり前のことです。

メジャーリーガーの大谷翔平選手だって、打者として三振を喫《きっ》することもあれば、投手としてホームランを浴びることもあります。

問題は、その失敗をどう受けとめて、そこから何を学び、どう改善していくかです。

そこを真剣に考えきれない人は、些細《ささい》な失敗で「元の自分」に戻るのです。

【最後の壁】「戻る場所」を残しているから

これは「せっかく変化したのに、戻ってしまう」というパターンです。

「元の自分」に戻ってしまう最大の理由と言っても構いません。

たとえば、本気で英語をマスターしようと思うなら、アメリカやイギリスに留学してしまえばいい。

留学どころか、そこに住み着いてしまえばいい。

そうすれば誰だって猛勉強するでしょうし、自分から英語を使うようになるでしょう。

ところが、ほとんどの人は「日本」や「日本語」という、自分にとっての「戻る場所」をキープしたまま英語を学ぼうとします。

だから、英会話スクールを一歩外に出るだけで「元の自分」に戻るのです。

いささか極端な例ではありますが、居心地のよい「戻る場所」をキープしていることが、「元の自分」へのリバウンドを招く最大の理由だと知りましょう。

以上、「元の自分」に戻ってしまう3つの理由、なんとなく頭に入りましたか？

それではここから、個別の対策を見ていくことにしましょう。

インスタントな結果を求めるな

心のリバウンドを防ぐために①

私たちは、誰もが心の中に「向上心」を抱えています。

「痩せたい」だって、「キレイになりたい」だって、「成功したい」だって、「お金持ちになりたい」だって、すべてが向上心から来る願望です。

ときどき「自分は向上心がない」と言う人もいますが、少なくともみんな「よりよい自分」になることを望んでいるはず。それも立派な向上心の表れなのです。

しかし、その一方で「努力はしたくない」。

つらい思いはしたくないし、面倒くさいこともやりたくない。

たとえばダイエットのために食事制限をする。毎日ジムに通う。

そうすれば痩せるとわかっているのに、その努力をしたくない。もっと簡単に痩せる方法はないかといつも探している。

まともな道を歩こうとせず、特別な近道を探すわけです。

さらに、向上心をキープするためには、「変化の実感が欲しい」と思うでしょう。

仕事であれ、学業であれ、自己投資であれ、ダイエットであれ、私たちは成長の実感があってこそ、やる気を維持し、努力を続けることができます。

なんとしても、目に見える成果が欲しくなるのです。


「向上したい」

「努力はしたくない」

「変化の実感がほしい」


これらの思いが重なった結果として、「1週間で痩せる」とか「10日でマスター」といった宣伝文句に飛びついてしまうのです。

「努力せずに、わかりやすい結果が得られそう」というところに期待を持つわけです。

でも、そう甘くはありません。すぐに結果が出ることはなく、1週間後には、「この方法ではダメだった」「これは効果がない」と諦めることになります。


一つ具体的な例を挙げてみましょう。

たとえば、テレビの健康番組で「甘酒を飲めば肌がキレイになる」と観て、試してみる。でも、1週間続けてみても肌の変化が感じられなかったので「甘酒なんて嘘だった」と判断し、やめてしまう。

しかし、一般的な肌周期は約28日間です。肌はそれだけの時間をかけて生まれ変わるものですから、たった1週間の試行では、効果があったかどうか判断するのは早すぎると言えます。

もちろん、これは肌の美容だけでなく、どんな変化についても言えることです。


ここで断言しておきます。

残念ながら、時間をかけず、努力せずしての向上はあり得ません。


インスタントな言葉に飛びついて得られるのは、インスタントな結果のみ。

たとえ一時はうまくいっても、それはあくまでも一時的な変化にすぎません。

結局はリバウンドしてしまうのがオチです。

こんなふうに改めて言われるまでもなく、頭の中ではわかっていることでしょう。


努力もせず、たった1日で理想の体型になれる――。

夢に見たような成功者になれる――。

そんなことが起こるのはフィクションの世界だけです。


この結果を急ぎすぎる傾向は、最近とくに拍車がかかっています。

その典型が、動画の倍速視聴です。

「早く結果を知りたい」「早く答えを知りたい」と思うから、通常のスピードを待っていられず、倍速設定で動画を視聴している人が多くなっているのです。

それが習慣になってしまうと、何事においても我慢ができなくなっていきます。

ゆっくり試したり、考えたりする時間も待っていられなくなり、だんだんと、忍耐力が失われてしまうでしょう。

もちろん、無駄な努力は必要ないし、効率を考えて行動するのも大事なことです。

けれども、それが本当に「無駄なもの」なのかは、しっかり見極《みきわ》めなければなりません。

自分を変えるには、どっしりと腰を据《す》えて、チャレンジに取り組む必要があります。

浮き足立ったまま、手当たり次第にいろんな方法を試しても、何も得られることはありません。

これは肝《きも》に銘《めい》じておいてください。

失敗は成長の宝箱である

心のリバウンドを防ぐために②

「変わりたい」と何かにチャレンジすれば、必ず失敗します。

これは、どんなに優秀な人だろうと当たり前のことで、例外はありません。

たとえば、将棋の世界で神童と呼ばれ、あらゆる最年少記録を塗り替え続ける藤井聡太さん。彼は通算勝率8割3分を誇ります。

プロ棋士《きし》の平均勝率が5割5分であることを考えると、これは非常に高い数字です。しかし、逆に見れば、そんな藤井さんでも2割は敗北を喫している。つまり、5回に1回は「失敗」を経験しているのです。

これは、ビジネスの世界でも同じです。

どんなに成功しているビジネスパーソンでも、一度も失敗したことがない人などいません。スティーブ・ジョブズもウォルト・ディズニーも、解雇や大赤字、倒産といったいくつものピンチを乗り越えて、大成功をつかんでいるのです。

チャレンジには失敗がつきものです。


それにもかかわらず、ほとんどの人が一度や二度の失敗で諦めてしまいます。

失敗に向き合い、チャレンジを継続することができない。

だから、何度も元通りの自分に戻ってしまうのです。


挫折《ざせつ》や失敗を「諦める理由」にしてはいけません。

失敗は当たり前のことですから、一度失敗したからと言って、それを理由に挑戦をやめないでください。

むしろ、失敗は「自分を向上させる要因」であると考えましょう。

失敗はすべて、成功へ近づくための大切な「一歩」なのです。

かの有名な発明家エジソンが、これを伝えてくれています。

〝I am not discouraged,
because every wrong attempt discarded is another step forward.〟
（私は決して失望などしない。なぜなら、どんな失敗も新たな一歩となるからだ。）

実際、彼は白熱電球を発明する際に約２０００回もの失敗をしたといわれています。
しかし、エジソンは２０００回失敗しても諦めず、くり返し挑戦を続けた。その姿勢があったからこそ、世紀の発明が実現したのです。

では、どうすればエジソンのように、失敗をプラスに変えられるのでしょうか？
思わず諦めてしまいそうになる大失敗を「向上」へとつなげるには、どうしたらいいのでしょうか。

失敗を、「考えて」ください。


なにか失敗したとき、その失敗について、とにかく自問自答するのです。

自問自答するときの問いかけは、大きく分けて2種類あります。

一つが「なぜ?」という問い、もう一つが「何?」という問いです。

それぞれ詳しくご説明しましょう。


「なぜ?」という問いの重要性については、ビジネス書などでもよく語られているところです。

有名なのは、トヨタ自動車で採用されている「5WHY分析」のフレームワークです。

何か問題が発生したら、「なぜ問題が起こったのか?」と、「なぜ?(Why)」の問いを5回くり返す。そうすることで、真の原因を見つけ出し、効果的な解決策を導き出そうというものです。
たとえば、ダイエットに失敗した場合で考えてみましょう。

①なぜダイエットに失敗してしまったのか？
↓仕事上の会食が続いたから。
②なぜ会食が続くとダメなのか？
↓会食は食べる量をコントロールできないから。
③なぜ会食で食べる量をコントロールできないのか？
↓周囲のペースに合わせるから。
④なぜ周囲のペースに合わせるのか？
↓周りに気を遣《つか》ってしまうから。
⑤なぜ気を遣ってしまうのか？
↓断る勇気がないから。

このように、自らのチャレンジと失敗について、「なぜ?」の問いを何度もくり返していきます。そうすることによって、最初はわからなかった本当の原因(この場合は対人関係における自分の意志を貫く勇気)が判明するのです。

一方で、この「なぜ?」の問いは、いささか答えづらい質問でもあります。

とくに、自問自答に慣れていない人なら、なおさらでしょう。

「気合いが足りなかったから」とか「経験がなかったから」などと、曖昧《あいまい》な答えになりやすいものです。

そういう人は、二つめの問い「何?」を意識してみましょう。

たとえば、

「今回のダイエットに足りなかったのは何か?」

「ダイエットに成功している人と自分との違いは何か?」

「自分の考え方のうち、問題だった部分は何か?」

そうして「何?」と問いかけることによって、答えが具体的なものになります。

自分自身が質問に回答しやすくなるだけでなく、その後にどんな行動を取るべきかも明確になっていきます。すぐさま改善に取り組めるようになるはずです。

「なぜ？」と「何？」の問いを、くり返し自分に投げかける。


そうすることで、いまの失敗は次のための学びに変わります。

「失敗すればするほど、成功に近づいていく」

というエジソンの言葉が、あなたも実感できるでしょう。

失敗は成功の宝箱です。

たった数回の失敗で諦める必要はどこにもありません。

心の「帰巣本能」を知れ

心のリバウンドを防ぐために③

私たち人間の心には「帰巣本能《きそう》」が備わっています。

動物たちが必ず自らの住処《すみか》に戻るように、私たちの心も必ず「いつもの場所」に戻るようにプログラムされているのです。

この「いつもの場所」は、「普通」と言い換えてもいいでしょう。


なぜ、私たちの心は「いつもの場所」に戻るのか。


それは、その場所が安全だからです。

外敵から襲われる心配もなく、リラックスして過ごすことができるからです。

たとえば、知らない人に囲まれて過ごすとくたびれる。家族や友人たちの待つ場所に戻ると安心する。楽しかった旅行から帰ってくると「やっぱり家が一番だ」と思う。誰にでも経験があるでしょう。

この安全な「住処」のことを、心理学の世界では「コンフォートゾーン」と呼びます。コンフォートゾーンにいる限り、人はリラックスした状態で、穏やかな気持ちでいられます。不安を感じることがないので、のびのびと、自分の力を発揮することができます。

そして、反対にこのコンフォートゾーンから一歩外に出た場合。つまり、「いつも」から変化を加えた場合、心はストレスを感じます。

なんだか居心地が悪い感じがする。

リスクを感じるから警戒心が解けないし、終始安心することができない。

この感覚は、知らない土地に一人で取り残された状態や、初めて新しい職場に出社した日のことを想像していただければよくわかるでしょう。

「自己変革」というテーマになぞらえて考えれば、新しいことへのチャレンジは、「コンフォートゾーン」の外に踏み出す行為です。

それによって、心はストレスを感じます。

仮に、チャレンジが成功して、ある程度結果が出ていたとしても、ストレスがかかっていることに変わりはありません。

そして、「コンフォートゾーンの外へ出た」ことによるストレスに耐えきれなくなったとき、人はそのチャレンジを中断してしまう——元の自分に戻ってしまうわけです。

たとえば、「毎朝のジョギングを習慣にする」とします。

「最初は筋肉痛がひどかったけど、それも感じなくなった」

「体力もついてきたし、体重も減ってきた」

「結果がついてきたことで、走るのも苦じゃなくなってきた」

それでも、心はストレスを感じているのです。

無意識下にあるコンフォートゾーンに戻りたくて、ソワソワしているのです。

そして、寝坊や休養などの些細なきっかけで、元の自分に戻ってしまいます。

頭では「ジョギングを再開しなければ」と思いながらも、心がブレーキを踏んでしまうのです。それは、長年にわたって過ごしてきた「コンフォートゾーン（ジョギングのない生活）」が心地よいからに他なりません。


したがって、この「コンフォートゾーン（戻る場所）」がある限り、リバウンドが続くことになります。私たちの変化を妨《さまた》げる「最後の壁」は、ここにあると知りましょう。

「いつもの場所」があること。

「コンフォートゾーン」があること。

心が戻る場所をキープしていることが、あなたの変化を阻《はば》んでいるのです。

戻る場所を「リセット」せよ

「変化をしたいと思っても、そのストレスに耐えきれず、元に戻ってしまう」そうなってしまうのは、私たちの心には「いつもの場所」に戻る帰巣本能が備わっているからです。

では私たちは、変われないのでしょうか。

変わることなど、もともとムリなことなのでしょうか。

もちろん、答えはＮＯです。

人は、誰もが変わることができます。

自己変革は、必ず叶《かな》えられます。

では、どうすれば帰巣本能を退け、自分を変えることができるのでしょうか。

それには、あなたが今キープしている「戻る場所」を手放すしかありません。

まさにこれが、この本のテーマである「リセット」です。

これまで帰っていた「いつもの場所」を消失させて、新たな「いつもの場所」をつくる。

そうすれば、帰巣本能を持つ私たちも、「理想の自分」へと自己変革を叶えることができます。

いったい「リセット」とは何か。もう少し詳しくご説明します。

リセット、それは「新しいスタートラインに立つこと」です。

いつもの競技場を後にして、新しい競技場で、新しいレースのスタートラインに立ちましょう。それは、走る道が変わり、出走するレースが変わるだけで、走るのが「あなた」であることに、変わりはありません。

——過去、現在、未来。

一般的に、これらはすべて一本の線でつながっていると考えられています。

あなたが立っている場所（現在）から後ろをふり返れば、これまで歩んできた道の軌跡（過去）が連なっているし、前方に目をやれば、その延長線上にあなたが歩むであろう道（未来）が続いていています。

私たちは、そんなふうに、すべての物事をこの一本の道の上で考えています。


しかし、「リセット」とは、これまでの「いつもの場所」をなくし、新しい「いつも」をつくることです。

つまり、あなたが歩んできた過去、そして現在の目に映《うつ》っている未来は無視しなければなりません。それが、新しいスタートラインに立つということです。

たとえば、転職するにあたって、学歴や職歴をベースに「採用してくれそうなところ」を探すのは、いまの延長線上の考え方です。

そうではなくて、

「自分は何がやりたいのか」

「自分はどこに行きたいのか」

「自分はどんな暮らしがしたいのか」

など、根本的な部分から考え直すことが、転職活動をする上でのリセットなのです。


ただし、リセットは「人生のやり直し」ではありません。

出走するレースが変わっても、走るのはあなたです。


リセットとは、言うなれば「第2章の幕開け」です。


これまでの人生の物語は続いたまま、新しい章に入るだけのこと。

当然、過去の経験や知識は手に持ったまま、ページを進めていっていいのです。

あなたが過去に手に入れたものを捨てる必要はないし、むしろこれまでに培《つちか》ったあなたのよさや武器は大いに活かしていくべきでしょう。

多くの本には、「第2章」「第3章」「第4章」といくつもの章があります。

それと同じように、あなたの人生にも、いくつもの章が存在していいのです。

人生において、リセットはいつ行っても、何度行っても構いません。

本によって章の数が異なるように、人によってリセットの回数も異なるでしょう。

リセットの回数で何かが決まるわけではありませんから、その頻度や回数を誰かと比べる必要もまったくありません。


私たちは、誰だって変わることができます。

これまで慣れ親しんできた「いつもの場所」に別れを告げて、新しいスタートラインに立つことによって、それができます。つまり、リセットの技術を身につければ、あなたの人生はどのようにでも変わる可能性があるのです。

さあ、「現在」の章に区切りをつけて、新章突入の準備を整えましょう。

第2章

考え方の「クセ」をリセットする

小さなリセットからトレーニングを開始する

「変わりたい」

そう思うのならば、これまで慣れ親しんできた自分と別れ、新しいスタートラインに立たなければならない。それがリセットであり、新しい「自分」へと歩き出すための唯一の方法だとお伝えしました。

とはいえ、いきなり大きなリセットをするのは難しいものです。

まずはトレーニングを兼ねて、「小さなリセット」から実践してみましょう。
そうして、少しずつリセットの感覚をつかんでいきましょう。

具体的にやってほしい「小さなリセット」とは何か。

それは、自分の考え方の「クセ」をリセットすることです。いつも無意識にペンをまわしたり、いつも決まった足から靴を履いたりするのと同じように、人の思考にもクセがあります。

たとえば、ついつい言葉の裏側にある思いを読みとろうとする「深読み」思考。

何事もきっちりと計画を立てないと気が済まない「慎重」な思考。

曖昧な状態が嫌《いや》で、いつでも物事をはっきりさせたいという「白黒」思考。

何でも自分に都合のいいように捉える「思い込み」の強い思考。

よくないことが起こると、いつも自分を責めてしまう「自責《じせき》」思考。

反対に、失敗を他人や世の中のせいだと考える「他責《たせき》」思考。

ここに挙げただけでなく、人には千差万別の考え方のクセがあります。

こうした考え方のクセをリセットすることが、「小さなリセット」です。

もっとも、「つい深読みしてしまう」とか「何事にも慎重だ」といった傾向は、「自分の性格」に起因するものだから、変えられないと思う人も多いでしょう。

しかし、私は「性格をリセットせよ」と言っているわけではありません。

なぜなら、性格には「いい性格」も「悪い性格」もないからです。

お人好しの人には「騙《だま》されやすい」というマイナス面があり、疑り深い人には「騙されにくい」というプラス面があります。


どんな性格にも、プラスとマイナスの両面があるのです。その意味では、「性格」を変える必要などありません。


そもそも、性格と考え方の「クセ」は、似ているようで違います。

たとえば、慎重な人は、なにか新しいことにチャレンジするとき、「そんなことをしたら、危険な目に遭《あ》うのではないか」と考えます。

これは性格によるものです。


そして、「きっと危険な目に遭うだろう」と決めて、「それならやめておこう」と考える。

これが考え方のクセです。

危険を察知するところまではいいのですが、そこでチャレンジから逃げてしまうところは、リセットすべき部分でしょう。

「危険な目に遭うかもしれない」と考えたら、「どんな危険があるのか」を考え、よりよい道を探していく。

つまり、性格を変えるのではなく、行動にいたるまでの道筋（考え方）をリセットしていくこと。それが「考え方のリセット」です。

その方法を、この章では見ていきましょう。

まずは自分の思考パターンを理解する

たとえば、緊張したときに頭を掻《か》く。

たとえば、嘘をつくときに鼻のあたりを触《さわ》る。

たとえば、会話の中で何度も「なんか」と言う。

こうしたクセは、すべて無意識下で発動しているものです。

場合によっては自覚のない人もいます。

簡単にやめたり、新たに身につけたり、クセはなかなかコントロールできるものではありません。


同様に、考え方のクセも自分では気づいていない場合が多いものです。

そのため、コントロール（リセット）することも難しく感じるでしょう。

では、どうすればいいのか。

「自覚すること」です。
まずは自分がどんなクセを持っているのか。
そのパターンを自覚することから始めましょう。

たとえば、仕事で提出した企画書に上司からのリアクションがなかったとき、あなたはどう考えるでしょうか？

A「あれで問題なかったんだな」と安心する
B「何かミスがあったんじゃないか」と不安になる
C「もっとしっかり書けばよかった」と後悔する
D「何も言ってくれないなんて理不尽だ！」と腹を立てる

E「アイツだけズルい！」と、リアクションしてもらえた同僚に嫉妬《しっと》する
F「きっとすごく褒《ほ》めてもらえるはずだ」と期待に胸をふくらませる

起きた現象としては、どれも同じ「リアクションがなかった」です。

しかし、それを受けとる側の思考グセによって、ここまで反応は違ってきます。

そして、この傾向は、次の機会にも引き継がれます。

次に企画書を提出したときにも、上司からのリアクションがなければ同じような感情を抱《いだ》くでしょう。

もちろん企画書だけではありません。誰かにメールやＬＩＮＥを送った後や、プレゼントを贈ったのにリアクションがもらえなかったときも、あなたは同じように感じるはずです。

なぜなら、それが考え方の「クセ」だからです。

さらに、考え方のクセは、まったく違った場面でも、顔を出してきます。

たとえば、電車が遅れて会社に遅刻しそうなシチュエーションを考えてみましょう。

A「たぶん間に合うだろう」と安心する
B「遅刻してしまうかもしれない」と不安になる
C「もう一本早い電車に乗ればよかった」と後悔する
D「どうして遅延しているんだ！」と腹を立てる
E「他の電車に乗った人は間に合ったのに」と人に嫉妬する
F「遅刻した自分の代わりに、誰かが仕事を片づけてくれるだろう」と期待する

おそらくAのクセを持つ人は別の場面の別の出来事でも、たいてい安心感を抱いているでしょうし、Bのクセを持つ人はあらゆる場面で不安が先行してしまうはずです。

これが考え方のクセです。

ある場面では楽観的で、別の場面では悲観的、ということはほとんどありません。

ですから、自分がどんなときに、どんなことを感じているのか、つぶさに観察してみてください。

日常の中で、
「あ、いま自分は、こう考えていたな」
と自分の感情をふり返ってみてください。

たとえば、「また不安を感じているな」とか「また腹を立てているな」と、何度も湧き上がる感情に注目します。そうして観察を続けていくと、必ずあなたの考え方のパターンが浮かび上がってきます。

そのパターンを自覚することが、考え方のクセをリセットする第一歩になるのです。

そのクセは、改めるべきなのか？

自分の考え方のクセを認識できたら、次はその考え方のクセが、自分にどんな影響を引き起こしているのかを考えてみましょう。


あなたが、そのクセを持っているメリットは何か。

逆に、そのクセによって生まれているデメリットはないのか。


その両方が見えてくれば、自《おの》ずと、どのクセをリセットするべきかがわかってきます。

あなたの気分を下げてしまうクセは、できるだけリセットしたいし、もしも相手を不快にさせるクセがあれば一刻も早くリセットすべきです。

ここでは、よくある考え方のクセである「他責思考」を例に、考えてみたいと思います。

たとえば、部下の人が大きなミスをしたとします。

それに対して、「他責思考」のクセを持っている上司は、「なんて仕事ができないヤツなんだ！」と怒りが湧いてきます。その場で声を荒げて、ミスした部下を叱責《しっせき》するかもしれません。

すると、どうなるか。

部下の頭には、恐怖の感情が強く残ります。

「もう叱られたくない」「目が合うだけでも怖い」と思ってしまいます。

そうなると、それ以降は上司に声をかけたり、相談したりすることができなくなるでしょう。

結果として、より大きなミスが生じたり、それを未然に防げなくなります。これはチーム運営におけるデメリットです。

もしも、あなたが上司の立場なら、職場全体への影響も考えなければなりません。

叱責の声を聞けば、それがたとえ自分に向けられていなくとも、そこにいる全員が不快な気持ちになるものです。職場全体が萎縮《いしゅく》した空気に包まれ、コミュニケーションに支障が生まれたら、これも大きなデメリットです。

もちろん、メリットもあります。

ミスに対して厳しく責任を追及することで、部下はしっかり反省できるし、それによって、仕事に対する責任感が育まれるかもしれません。

けれども、イライラした気持ちを引きずれば、その部下だけでなく、次の仕事相手にも態度が悪くなり、悪影響があるかもしれませんし、チーム全体に他責マインドが伝播《でんぱ》する可能性もあります。

どう考えても、メリットよりもデメリットのほうが大きいことがわかるでしょう。


こんなふうに、他責思考のメリットとデメリットを比較していけば、このクセはリセットすべきだとわかります。

リセットの方法は後ほどお話ししますが、「他者を責めてもデメリットしかない」ことがわかり、「責めたくなるのは考え方のクセである」こともわかる。そこまでが第2ステップです。

これに関連してお話しすると、私は誰かに対して怒ることがありません。

たとえば、病院の若いスタッフから、

「井上先生はいろんなことを発信しているけど、先生自身、そのすべてができているわけではないですよね」

と言われたことがあります。要は「エラそうなことを言っておいて、口だけじゃないか」と言いたかったのでしょう。

それでも、私の中には、まったく怒りは湧きませんでした。

「この人にはそう見えているのか。改善しなければな」と素直に思ったのです。

なぜ怒らないのかといえば、私にとっては、怒らないほうが自分にとってメリットがあるから、そうしているだけです。

怒りをコントロールできる人は、そう多くはありません。だから怒らないだけで、「人と違う」価値が生み出せます。これは大きなメリットです。

怒らないでいれば、相手が不快になることもないでしょう。終始、気持ちよくコミュニケーションを取ることができるので、自分も気分よく過ごせます。これもわかりやすいメリットです。

では、怒ることのデメリットはどうでしょうか？

心理面からの話をすると、イライラしてモノや人に当たると怒りが増幅《ぞうふく》する、という研究があります。自分の怒りに、自分でガソリンを投じてしまうわけです。

さらに、怒りの感情は免疫力の低下を引き起こすなど、身体に悪影響があるということも言われています。マイナスな感情（怒り）が続くことで、健康を害することになれば、それこそ重大なデメリットです。

怒りを抱くのはデメリットが大きい。
反対に、怒らないでいれば、たくさんのメリットを得られる。

どうでしょうか？　これを知った今、「イラッとするクセ」をリセットしたいと思うのではないでしょうか？

■**自分の考え方のクセは何か**
■**そのクセによって、自分の心にはどんな影響が生まれているのか**
■**周囲の人へはどんな影響を与えているのか**
■**そのクセが持つメリットやデメリットは何か**

このように、順を追って自分の考え方の「クセ」を見つめることで、リセットするべき敵の正体がわかってくるのです。

自分のことだけにフォーカスしていこう

自分の「リセットしたいクセ」を見極めることができたら、次は実際に「リセット」をしていきましょう。

リセットするためのポイントは、「常に自分自身にフォーカスして考える」ということです。

いったい、どういうことか。

人間の悩みは、そのほとんどが対人関係の悩みだといっても過言ではありません。

たとえば、「いまの会社を辞めたい」という悩みがあるとします。

「もっとやりがいのある仕事がしたい」

「正当な評価の受けられる会社に行きたい」

など、さまざまな辞めたい理由が並べることができるでしょう。

しかし、その内実をじっくり紐解《ひも》いてみると、会社での仕事そのものが嫌なわけではなく、会社の対人関係における疲れが原因であることがほとんどだったりします。

気の合わない上司がいるとか、意地の悪い先輩がいるとか、職場の空気に馴染《なじ》めない、といったことです。

あるいは、容姿や学歴にコンプレックスを抱くのも、その根底にあるのは「他者との比較」であり、すなわち対人関係です。

つまり、これら対人関係における考え方の「クセ」をリセットすれば、人生の悩みの大半は解消されることになります。

マイナスの渦に入ることがなくなり、幸せを引き寄せることができる。仕事もプライベートも、人生がどんどん面白くなっていきます。

対人関係を考える上で紹介したいのが、アドラー心理学が提唱する「課題の分離」です。

目の前の課題について、

「これは誰の課題なのか？」

を見極め、

「自分の課題」と「他者の課題」を切り離していく考え方です。


たとえば、あなたが本を出版したとしましょう。

Amazonの購入ページには、レビューが投稿され、なかにはたくさんの低評価が並んでいます。そのとき、あなたの心の中には、「ひどい！」「なんでこんなことを書くんだろう」という悲しみや苛立《いらだ》ちが湧いてくるでしょう。

しかし、書いている誰かは「他人」です。

他人がどう思い、どのような行動を取るのかは、あなたにコントロールできることではありません。

アドラーに言わせれば、誰が何を思い、どんなレビューを書くかは、「他者の課題」です。「自分の課題ではないのだ」ということを、はっきり認識することが必要です。

一方で、酷評するレビューを読んで、

「なるほど、自分の本に足りない部分はここだったんだ」

「自分はまだ伸びしろがあるんだな」

と考えることもできます。これが自分にフォーカスした考え方です。


常に「自分にできること」だけに目を向ける。


そうして、どんな評価も、自分自身の行動に還元するように考えれば、自分の成長につなげることができ、心を乱されることもなくなります。

もちろん、あまりに理不尽な批判は無視して構いません。

相手がどう思うかは、気にする必要がないのですから。

自分にとって必要だと思う言葉だけを受け入れていけばいいのです。

「自分の課題」と「他者の課題」をはっきりと分けて認識していきましょう。

「自分の課題」に集中し、そこに他者は介入させない。
自分も「他者の課題」には介入しない。

そのように、課題を分離することで、対人関係のトラブルは、ほとんど生まれなくなります。

この課題の分離の考え方を、先の例に置き換えて考えてみましょう。

上司に企画書を提出したのにリアクションがなかった、という例です。

上司からのリアクションが得られなかったときに、「ミスがあったんじゃないか」と不安を感じたり、「理不尽だ！」と憤《いきどお》ったりするのは、おかしな話です。

なぜなら、上司がリアクションするかどうかは「上司の課題」なのですから。

あなたには関係がないし、あなたがコントロールできることでもありません。

あなたがやるべきこと（あなたの課題）は、自分が納得できる企画書を仕上げること。それだけです。そのほかのことで、あなたが悩む必要はまったくありません。


電車が遅れて会社に遅刻しそうになったときでも、同様です。

「上司に怒られるかもしれない」と心配したり、「なんで遅れるんだ！」と鉄道会社に腹を立てても意味がありません。

あなたが考えるべきことは、そこではありません。

「この後どうするべきか」

「誰に連絡をすべきか」

「代替手段はないのか」

など、あなたの課題は他のところにあるはずです。

そのほかのあらゆる「問題」においても、「他者の課題」を切り離し、「自分の課題」にフォーカスするクセをつけましょう。

たとえば、職場に気が合わない人がいて、「今日も嫌味を言ってくるだろうな」と思うと憂《ゆう》うつになります。

でも、その人がどんな態度を取るかは気にするべきではありません。

相手の態度や言葉は、そのつど頭から消去して、毎日「今日初めて会う人だ」と思いましょう。そして、毎回「あなたの意見」や「あなたのよさ」をアピールするのです。

それが、「課題の分離」であり、あなたが向き合うべき課題なのです。

私たちが生きていく上では、自分の手では、どうしても変えられないことがあります。

地震や噴火などの自然災害と同じように、相手の心も自分ではどうしようもありません。

その一方で、あなたの力で変えられるものもあります。

それが、あなたの思考と、あなたの行動です。


私たちが変えられるものは、自分自身の思考と行動だけ。

言い換えれば、自分のことならば、すべてを変えることができるのです。


だとしたら、変えられるものに、全力で心を注《そそ》ぐべきです。

変えられないものに心を砕《くだ》いている暇はありません。

常に自分の思考の質を上げていくこと、自分の行動をよりよくしていくことを考えていきましょう。

不安は、あなたの妄想にすぎない

考え方のクセをリセットするには、「常に自分自身にフォーカスして考える」。
これは頑固な考え方のクセを解きほぐす上で、非常に有効な考え方です。

「これは誰の課題か？」
と考えるだけで、凝《こ》り固まった思考がリセットされていきます。

もう一つ、考え方のクセをリセットするために知っておいてほしいことがあります。
それは、「すべての不安は妄想《もうそう》だ」ということです。
楽観的すぎる決めつけに思えるでしょうか？
いいえ、ちゃんと根拠があるのです。

不安というのは、いつでも悩みの種になり得る、やっかいな感情です。

何かにチャレンジする上でも、自らをリセットしていく上でも、不安が足かせになることは多いでしょう。しかも、日常生活の中で不安を感じる要素は、意外なほどたくさんあります。

たとえば、仕事でミスをするのが不安。売り上げが立たないかもしれない不安もあれば、納期に間に合わない不安もあります。

あるいは、いつもと違うことをするときにも不安を感じます。

新しい服を着たら、似合っているかどうか。

新しい職場に変われば、馴染めるかどうか。

そうした不安は、前でお話しした「コンフォートゾーンの外側に出る」ことで、もたらされるものです。

もしくは、課題の分離がうまくできていないと、「誰かに嫌われるかもしれない」というような不安も感じるかもしれません。


でも、こうした不安はすべて、あなたの妄想です。

あなたが頭の中で考えた、架空《かくう》のストーリーにすぎません。


事実、ミスをするかどうかはまだ決まっていないのですから。売り上げもまだ出ていないし、納期も先の話です。

つまり、人は、不確定な未来に対して、「ダメかもしれない」というネガティブな出来事を想像して、勝手に不安をつくり出しているのです。

実際、「心配事の79％は起こらない」というデータもあります。

この研究では、心配事が起きたとしても、16％の割合で事前の準備によって対処できるため、現実化する心配事はたったの5％にすぎないと結論づけられています。


強く心配しすぎることで、アクシデントを呼び込むこともあります。

「失敗が怖い」と思っていたら、新しいチャレンジができなくなります。

こうなると、成功や成長の機会を逸《いっ》するばかりか、ビジネスでいえば、大きな売り上げを逃すことにもつながります。

たとえばプレゼンテーションをするときに、不安げな表情をしていたら、クライアントにも不安を与えてしまうでしょう。それが契約不成立の要因になれば大打撃です。

友人関係などにおいても、いつも心許《もと》ない態度をする人は、うっとうしがられたり、その結果、疎遠にされてしまうかもしれません。


くり返し、断言します。

あなたが感じている不安はすべて、あなたの妄想です。


これから先、何かで不安を感じることがあっても、それは「妄想」であることを忘れないでください。

不安を感じたときには、必ず「これは自分の妄想だ」と言い聞かせましょう。

そうして「不安は妄想」という考え方がクセになれば、だんだん不安を感じることはなくなっていきます。

以上が、自分自身に染《し》みついた「考え方のクセ」をリセットする方法です。

自分のクセを自覚して、そのメリットとデメリットを天秤《てんびん》にかけてください。
「自分のことだけ」にフォーカスして、「他者の課題」は切り離していきましょう。
そして、すべての不安は妄想だと知ってください。

ここまで理解できたら、もう準備は完了です。
あなたは、これから大きな人生の夢に向かって走り出すことができます。
いよいよ、自己変革への道が始まります。

第3章

可能性の「上限」をリセットする

心に潜む「アンコンシャスバイアス」

「アンコンシャスバイアス」という言葉を知っていますか？

アンコンシャスバイアスとは、無意識に刷《す》り込まれた偏見《へんけん》や思い込みのこと。

私たちは経験則や先入観から、いつのまにか偏《かたよ》ったものの見方をするようになります。

そして、それが行動や意志決定にまで影響を与えるのです。

たとえば「大学教授の言うことだから間違いはないだろう」と、権威で発言内容の妥当性を判断する。

あるいは「雑用は新人がやるもの」「保育士だから女性だろう」「男性だから機械に強い」などと、属性で人を判断する。

もしくは「定時で帰る社員は出世を諦めている」と、経験則から決めつける。

こうしたアンコンシャスバイアスがはびこった企業や社会は、世の中の変化にうまく対応することができず、自らの成長を大きく妨げてしまいます。

これは、あなた自身に対しても同じことが言えます。

自分自身へのアンコンシャスバイアスによって、あなたの成長が妨げられてしまうのです。

いったいどういうことか。説明していきましょう。

たとえば、都内のハイグレードマンションを所有し、そのマンションが購入できるような価格の超高級車に乗っている人がいたとします。つき合う人たちは、各界の第一線の人ばかり。ハイブランドの服を着こなし、雑誌で紹介されている有名レストランの常連で、ビジネスでもプライベートでも、ちょっと隣町に行くように海外を行き来している。その移動は、いつもファーストクラスで、ときにはプライベートジェットを使うこともある。

こんな人を紹介されたとしたら、あなたは、どう思うでしょうか？

「自分もそうなりたい！」と憧《あこが》れた人はいるでしょうか？

きっと、そういう人は少ないでしょう。たいていは、「すごい世界があるんだな」と、遠いフィクションの世界をのぞいたような感覚で終わるはずです。

なぜなら、自分の未来予想図に「ハイグレードマンション」や「超高級車」「ハイブランド」、「プライベートジェット」といった、いまとはまったく違う世界にいる自分を思い描ける人は、ほとんどいないからです。


まさにここに、あなたがあなた自身にかけたアンコンシャスバイアスが潜《ひそ》んでいます。

「どうせ私には無理」

「私の人生には縁のない話だ」

「私には今の生活が合っている」

「これからの生活も、いまのような感じだろう」

そんなふうに、無意識に思い込んでいるのです。それは、自分の未来の可能性に限界を設《もう》けてしまっているのだと言えます。

私たちはみんな、超お金持ちの生活を見聞きしても、それに憧れることさえしません。「自分もそうなりたい」とか「もしも自分がそうなったら」などと本気で想像することもありません。常に心にブレーキをかけている状態なのです。

しかし、本来、未来は自分自身で「つくる」ものです。

誰の未来にも平等に、無限の可能性があります。
私たちは何にだってなれるし、どんな未来でもつかむことができます。

それなのに、自分で上限を定めてしまうのは、自ら可能性を閉ざし、道を塞《ふさ》ぐ行為に他なりません。なんてもったいないんだろう、と思いませんか？

この章では、自分自身にかけたアンコンシャスバイアスをリセットする方法について考えていきます。可能性の「上限」をリセットし、自分が本当に手に入れたいものを、心から願い、追い求める人生。それは、何よりも充実した楽しいものになるはずです。

さあ、一緒にそんな人生をスタートさせましょう。

心のブレーキを洗い出せ

アンコンシャスバイアスとは、「無意識下」におけるバイアスです。自分でも気づかないうちに身につけ、気づかないうちに影響を受けているもの。ですから、自覚することが難しいものです。

そこで、自分自身にかけているアンコンシャスバイアスについて、いくつかのパターンをご紹介しておきましょう。ここでは代表的な例を４つ挙げます。

①決めつけのブレーキ

自分自身へのアンコンシャスバイアスとして、一番に思いつくのがこれでしょう。たとえば「どうせ自分には無理だ」や「現実を見ろ、できっこないだろう」といった言葉に表れます。何かにチャレンジする前から自分の力を決めつけて、「どうせ」と諦めてしまうブレーキです。

これは、たとえ周りの人から「できるよ」と、いい評価を受けていても発動する場合があります。そうして自分自身を過小評価する傾向は、インポスター症候群（詐欺師症候群）と呼ばれます。

どれだけ周囲から高い評価を受けていたとしても、自分は詐欺師のような存在であり、現在の評価は周囲をだました結果だ、と考えてしまうのです。

②抑圧のブレーキ

これは「全部を求めるのはダメなことだ、不可能だ」と考え、欲望やその実現のための努力にブレーキをかけてしまう思考のことです。

「我慢するのは当たり前だ」とか「つらいことがあって当然」「何かを得るには、相応の犠牲が必要」などの言葉で表されます。

たとえば「仕事で成果を出すためには、家庭のことがおろそかになるのは仕方がない」と考えている人は多いのではないでしょうか。あるいは、「私よりつらい人がいるから」

と自分のつらさや思いを抑圧してしまうのも、同じようなバイアスだと言えます。

③線引きのブレーキ

これは「誰々さんだからできること」とか「あの人は特別だから」「私とは違うから」といった言葉に象徴されるバイアスです。

自分と、特別な（成功している）誰かとの線をはっきりと引くことで、自分自身ができないことや行動しないことを正当化しています。

相手を褒めているようで、自分自身の可能性にフタをする心のブレーキと言えます。

④同調のブレーキ

これが私たちの心に潜む最大のブレーキです。

「普通はこうする」「常識的に考えて」「みんなこう言っているし」「こうするのが当たり前だから」、そんな言葉たちで私たちの生活によく顔を出してくるアンコンシャスバイアスです。

このように、とにかく周りに合わせるのが安全だと判断する傾向は、集団同調性バイアスと呼ばれます。

イソップ童話の『すっぱい葡萄《ぶどう》』をご存じでしょうか？

キツネが高いところに実っている葡萄を見つけ、一生懸命ジャンプをしてそれを取ろうとする。しかし、とうとう取れずに諦める。そのときキツネは「どうせこの葡萄はすっぱくてマズいに違いない」と捨て台詞を残すのです。

読者としてこの童話を読めば、キツネの言っていることは完全に「葡萄を取れなかった負け惜しみ」だとわかります。

葡萄に手が届かなかったという自分の限界を正当化しているのです。

では、あなただったら、どうでしょうか？

たとえば何かに失敗したとき。

キツネのように負け惜しみを言っていないでしょうか？

「どうせできるわけがない」と決めつけて、頑張らない言い訳をしていないでしょうか？

自分ができなかったことや挑戦しなかったことに対して、

「そんなこと、特別な人にしかできない」

「リスクを負うのはよくない」

と自己を正当化していないでしょうか？

自分の胸に問いかけてみてください。

きっとあなたの心に潜むブレーキが見えてくるはずです。

ブレーキの根源はどこにあるのか？

私たちはみんな、知らず知らずのうちに、自分自身に対して偏見を持っています。そして、それが自分自身の未来の可能性を制限しているのです。

でも、このことに気づいたからといって、バイアスは簡単に取り外《はず》せるものではありません。

そもそも、なぜ私たちは、自分自身へのアンコンシャスバイアスを身につけてしまったのでしょうか？

知らず知らずのうちに身につけたものだと言われていますが、深く過去を遡《さかのぼ》れば、必ずバイアスが生まれたきっかけがあるはずです。

バイアスを取り外すために、まずはその原点を明らかにしましょう。

人が心にブレーキを備えつけてしまうのには、大きく分けて3つの原因があります。

①親の影響

心理学者のシャド・ヘルムステッターによると、人は生まれてから大人になるまでの間に14万8千回もの否定的な言葉を浴びているといいます。

実際、親子関係に限ったところで思い出しても「危ないからやめなさい」とか「まだ早いからダメ」「できるわけがないでしょう」といった言葉たちに聞き覚え（もしくは言い覚え）がある人は多いのではないでしょうか？

もちろん、これらは親の愛情ゆえの言葉でもあります。親は子どもを守りたいし、失敗したり傷ついたりして欲しくありません。そう願うからこそ、より安全な方法を選び、挑戦を止めようとします。

ですが、こうした教育が「どうせ」「できるわけない」といったバイアスを生み出していることは想像に難《かた》くないでしょう。

さらに、子どもへの教育には、親自身の経験が反映されるものです。つまり、「自分がこうだったから、あなたもこうなる」「あなたもこうして欲しい」と親（自分）の人生をなぞるように、子どもを育てる人が多いのです。だから、子どもが「自分もこうなるのだろう」と自分の未来の可能性を閉ざしてしまうことになります。

②教育環境の影響

学校や、その他の教育環境では、あらゆることがルール化されています。始業の時間、使う道具、時間割、授業中の態度から、勉強の内容まで。たとえ子どもの自主性を尊重して選択できるはずのことであっても、必ず「この範囲でやりなさい」や「この範囲で考えなさい」などと一定の枠組みの中で選択するように指導されるのが、日本の教育現場です。ですから、社会のルールや一般的な枠を飛び越えて考えるというマインドが育たないのです。

また、学校は同世代との共同生活を学ぶ場でもあります。ここには、協調性や信頼関係を身につけるといういい側面がある一方、「普通」という価値観や同調性が強まってしまう側面も無視できません。

③ドリームキラーの存在

ドリームキラーとは、あなたの夢を「現実味がない」「前例がない」「危険」「できるわけがない」と言って否定する人のことです。ときには夢を笑う人もいるでしょう。悪気なくドリームキラーになる人も多く、「よかれと思って」否定的な忠告を、あなたに伝えてきます。

先に挙げた親や教育環境においても、ドリームキラーの存在がある可能性が高いですが、大人になってもドリームキラーは身近に潜んでいます。

友人や恋人、上司、同僚、またはネット上で見かけた誰かの声が、あなたの夢を討《う》ちとることもあるのです。

以上が、あなたの心にブレーキをかけている主な原因です。
抑圧《よくあつ》的な親、「普通」を押しつけてくる教育環境、社会の至るところに潜むドリームキラー。いずれも心当たりのある話ではないでしょうか。

ただし、これらはすべて過去の話です。
すでに過ぎ去った出来事であり、遠い記憶の中の言葉たちです。

こうした過去を「もう変えられないもの」だと思っている人は多いですが、それはとんだ大間違いだと知りましょう。

過去とは「解釈」によって、いかようにも変えられるものなのです。

たとえば、成功した人が修業時代をふり返って、「当時は死にそうなくらいにつらかったですけど、いまとなってはよい思い出ですね」と語っているのを聞いたことがないでしょうか？

そんなふうに、つらかった経験が、時を経《へ》て、いい思い出へと変化するのはよくあることです。


過去に何があったとしても、それは「変化できない理由」にはなりません。

これまでに、どんなドリームキラーたちに囲まれていようと、あなたに変わる意志さえあれば、変わることができるのです。

つらい修業時代を成功によって書き換えた人たちがいるように、あなたも、あなたに備えられたブレーキをリセットできれば、自然とそれを植えつけた原因（過去の出来事）を書き換えることができるのです。

欲望が未来をつくる

インターネットやSNSの普及により、ドリームキラーはかつての何倍、何十倍も可視化されるようになりました。その結果、最近は夢を持てなくなっている若者が非常に多いです。夢は「欲望」と言い換えてもいいでしょう。

「こうなりたい」「これが欲しい」といった欲を、前面に出すことが憚られる世の中になっているのです。反対に、欲のない、謙虚《けんきょ》な姿勢でいることがもてはやされています。

「自分にはこれで十分」とか「これがあれば幸せです」といった、ミニマムな「足るを知る」価値観の素晴らしさばかりが強調されている気がしてなりません。

そもそも、欲望とは何なのでしょうか？

欲望は、何かに執着することでも、ギラギラした下品な感情でもありません。

欲望とは、「ゴールへと向かう意志」です。

もっとシンプルに「生きようとする意思」と言っても構いません。


人はゴールが見えたときに、真っ直ぐそこに向かって走り出すことができます。

逆に言えば、ゴールがなければ、どこに向かって走っていいかわからないのです。

欲望がない人はゴールのない人生を生きることになります。

迷子のように、ふらふらとさまよい歩く人生です。

それでは何かを達成することはできないし、人生が充実することもありません。


たとえば、旅行に行くときのことを思い出してください。

まず最初に「フランスのワイナリーに行こう」と目的地を決めてから、その後に具体的な行き方を調べたり、旅程を組んだり、旅行の計画が始まりますよね。

あるいは食欲にしても、私たちは「生きる」という本能があるから、毎日食事を摂っています。空腹（食欲）は、生きようとする意思の表れなのです。

人生もそれと同じです。ゴールを定め、生きようと決めるから、欲望のエンジンに火をつけて走り出すことができるのです。その時点で、できるかどうかは関係ありません。

「やる」と決めるから、できるようになるまでの道が浮かび上がってくるわけです。


私たちの未来は、欲望の先にのみ広がっています。

欲望のエンジンなくして、未来に進むことはできません。

惰性《だせい》のまま、時間が過ぎていくだけです。

それなのに、自分の欲望を持てなかったり、欲望にブレーキをかけてしまうようであれば、当然未来も狭く閉ざされたものになってしまいます。


では、欲望へのブレーキをリセットするにはどうすればいいのでしょうか？

可能性に満ちた未来をつくるには、どうすればいいのか？

ここからは、具体的にその方法を考えていきましょう。

自分の飢餓感を煽れ

可能性の上限をリセットするために、まず大切なこと。

それは「自分の飢餓《きが》感を煽《あお》る」ことです。

どんな状況であっても、常にハングリーさを保つということ。現状に満足しないというということです。


飢《う》えとは、不足を感じ、何かを強く求める状態を指します。

「これが欲しい、なのに買えない」

「これがしたい、でもできない」

「こうなりたい、だけどなれていない」

こんな状態は、人にとってストレスです。

ストレスは当然、できるだけ早く解消したいもの。
だから、人はそのギャップを解消すべく、何らかのアクションを起こします。
解決に向けた努力をするようになります。

つまり、飢餓感（不足のストレス）は、強い努力のエネルギーを生むのです。

切迫《せっぱく》した状況に置かれると、普段以上の力を発揮することを「火事場の馬鹿力」と言ったりしますよね。それと似たようなことです。

よりたくさんの不足を感じれば感じるほど、それだけたくさんのエネルギーが湧いてくる。だから、どんどん自分の飢餓感を煽ったほうがいいのです。

ところが、いまは満ち足りた時代です。

たとえば、日本経済の絶頂期とされるバブルの時代、人びとはスマートフォンを持っていませんでした。それどころか、パソコンを持っている人さえ少数でした。インターネットはつながっておらず、テレビが娯楽《ごらく》の王様だったのです。

しかし、そんな時代だったからこそ、人びとには飢餓感がありました。みんな新しくて便利なものをどんどん購入し、もっと豊かになりたいという欲がかき立てられていたのです。

それに対して現在は、モノもサービスも、あらゆるものが飽和《ほうわ》している時代です。満ち足りているから、いまの若い人びとは欲望を持ちづらくなっています。

だから、自ら飢餓感を煽っていかなければならないのです。

そこで、ハングリーであるためのポイントを二つお伝えしておきます。

①「全部欲しい」

「あれを手に入れたい！」と何かを求めること。それは、究極の欲張りになることを意味します。

よく「こっちは我慢するから、あれが欲しい」と願う人がいます。そのほうが謙虚な姿勢で、好感度が上がり、神様が優遇してくれそうだからでしょうか？

しかし、これでは「欲張り」とは言えません。仕事もプライベートもお金もバケーションも車も食事も広い家も、一つ残らず、すべてを欲しがってこそ「究極の欲張り」なのです。

人の意識の中では、すべての物事は有機的につながり合っています。

たとえば、仕事をしているときに子どもの習い事の準備物を思い出したり、料理をしたりしているときに、いい企画を思いついたりすることはよくあることでしょう。つまり、人の意識は用途別に分かれているわけではないのです。

ですから、「これが欲しいから、これは我慢しよう」という考え方は合理的ではありません。

趣味の時間を充実させることが、あなたの表情を明るくし、仕事での商談成功につながるかもしれない。仕事が軌道に乗ることが、家庭での振る舞いをよくするかもしれない。

いわば、全部を欲しがることで、努力が有機的につながって結実するのです。

アンコンシャスバイアスの一つにあった「仕事で成果を出すために、家庭がおろそかになるのは仕方がない」という犠牲的な思考は、言い訳でしかありません。

実際、世の中の成功者たちを見てみれば、仕事もプライベートも、すべてで充実した状況を手に入れている人がほとんどです。

②「際限なく欲しい」

「欲張りになろう」と言ったときに、たとえば、「じゃあ私は年収2000万円稼げるようになりたい！」など具体的な数字を掲《かか》げる人がいます。

しかし、私はこの考え方はあまりおすすめしません。なぜなら、そうした数値目標を掲げるのは、その数値を「上限」として設定するようなものだからです。

もちろん、一般的な平均からすれば、「年収2000万円」はかなり高額な、欲張りな目標でしょう。

でも、どうして今の自分から見える範囲で、上限を決めてしまうのでしょう？

どうしてそれで満足できるのでしょうか？

可能性に上限なんてないのです。

それなのに、わざわざ現状から考えた上限を決めてしまうのは、もったいない以外の何ものでもありません。

それに、目標数値を設定すると、不思議なことに、たいていはそれ以下のところまでしか到達できなくなるものです。

「欲張りになる」というのは、あなたの思考の話です。

頭の中で考えるのに、遠慮も慎《つつ》ましさもまったく必要ありません。

人に言えば笑われるかもしれない、とんでもない高望みでもいいのです。欲張るならば、際限なく欲しがりましょう。

上限なんて決めずに、常に最大を目指してください。

欲張るときのポイントを二つ、紹介しました。

際限なく、全部を欲しがるなんて、みっともないと思うかもしれません。

ですが、「欲張りなことは素晴らしいことだ」という前提を持たない限り、あなたが可能性の上限を外せる日は永遠にやってこないのです。

いつまでも、「どうせ自分にはできない」とか「私はこの程度の人間なんだ」と自分の力にフタをして、窮屈《きゅうくつ》な人生を歩むことになります。

飢餓感を感じることもないから、努力のエネルギーは小さくなってしまうでしょう。それでは、成功をつかむことはできません。

大きな飛躍を遂げるためには、現実を離れて理想を追い求める夢想家になるべきです。

天井《てんじょう》知らずの欲を持ち、常に自分の飢餓感を煽っていきましょう。

〝圧倒的〟な目標を持つ

「ただ欲張りになって夢を見たって、現実は変わらないよ」

そう思った方がいるかもしれません。

ある面では、その意見も正しいと言えます。

大きな欲を持つことは、とても大切なことなのですが、リセットの第一歩にすぎません。高い理想を見られるようになったら、次は、それを「〝圧倒的〟な目標」にまで昇華させていきましょう。


〝圧倒的〟な目標とは何か？

ただ単に、実現するのが難しい「高い目標」というわけではありません。

“圧倒的”な目標とは？

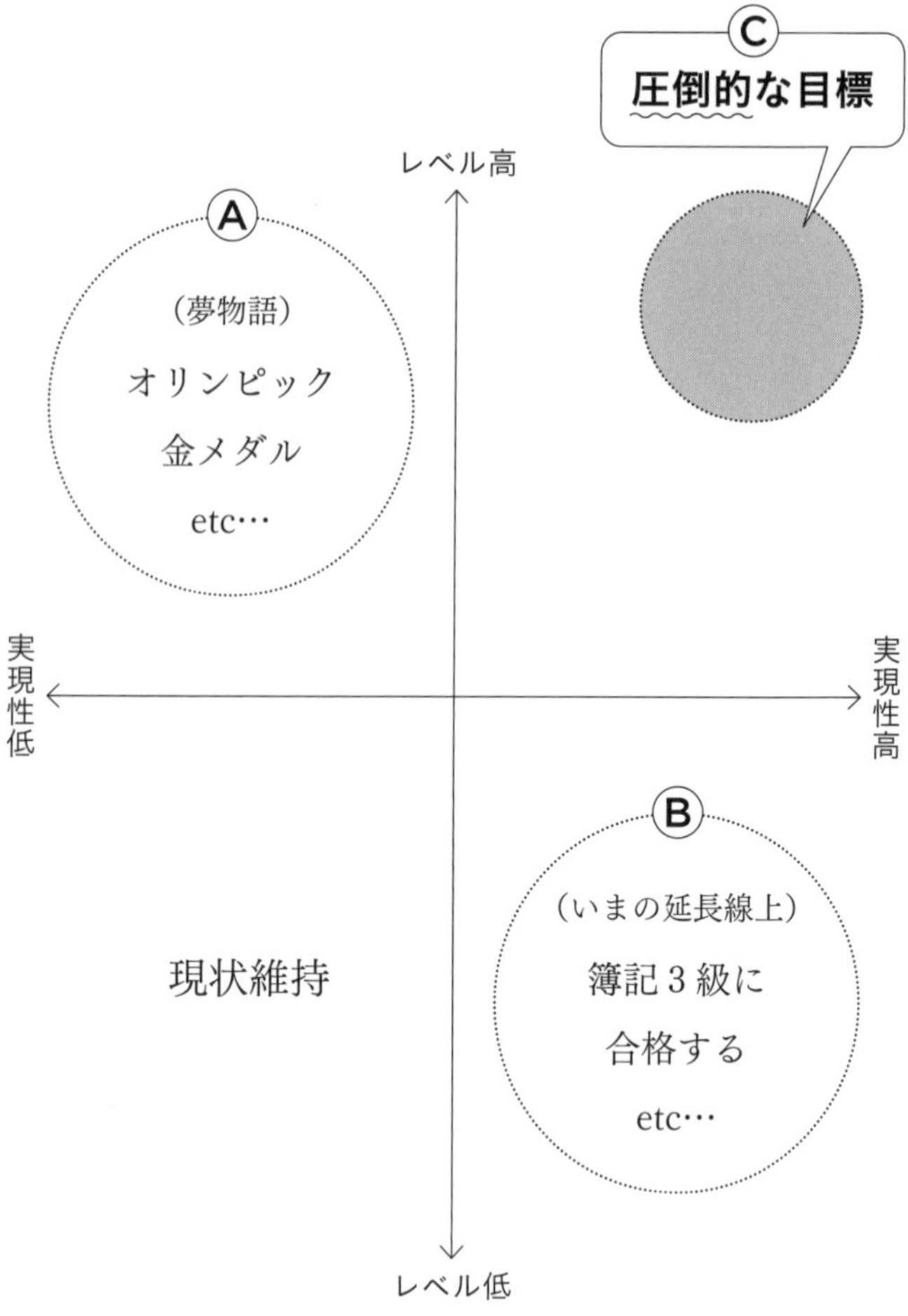
C
圧倒的な目標
レベル高
A
（夢物語）
オリンピック
金メダル
etc…
実現性低
実現性高
B
（いまの延長線上）
簿記3級に
合格する
etc…
現状維持
レベル低

これは私独自の考え方ですから、図解して丁寧《ていねい》にご説明したいと思います。

たとえば、「オリンピック金メダル」のように高い目標だけれども、実現への本気度が低い場合（A）。これでは実現することのない、単なる夢物語です。〝圧倒的〟な目標とは言えません。

あるいは、「簿記3級に合格する」のように、いまの自分にとって高くはない目標で、実現への本気度も高い場合（B）はどうか。これではリセットになりません。いまの延長線上で考えた目標にすぎないからです。

リセットとは、歩んできた過去や現在、いま見えている未来を無視して、まったく新しいスタートラインに立つことでしたよね？

〝圧倒的〟な目標とは、いまの自分からはまったく別のところにある高い目標で、かつ実現への本気度が高い目標のことを指します（C）。

〝圧倒的〟な目標の条件を言葉にすると、次のようになります。

①究極の欲張りになった結果、見ることができた高い目標であること

②あなたが本気で実現したいと思っていて、自分が叶えられると信じて疑わない目標であること

では、どうすればこの〝圧倒的〟な目標が立てられるのでしょうか？

欲張りになるポイントについては、先ほどお伝えしましたから、ここからは②の条件についてお話ししていきたいと思います。

「あなたが本気で実現したいことは何ですか？」

これはなかなか答えるのが難しい問いでしょう。自分自身のことなのに、自分が本当にやりたいことは何か、まったく見えていない人がほとんどです。

どうしたら自分が本当にやりたいことが見つかるのか？

必要なのは「内観」です。

内観とは、自分の意識をつぶさに観察すること。「内省」や「自己観察」などと呼ばれることもあります。

つまり、周囲の人や現実（いまの状況）から離れて、自分一人で自分自身に向き合う時間と場所をつくらなくてはなりません。たとえば、休日の公園のベンチやホテルのラウンジ、誰もいない書斎。とにかく自分と一対一で向き合える場所に行くのです。

そこで、自問自答を行います。

「自分はどう生きたいのだろう？」

「自分にとって大切な時間は何だろう？」

「自分を突き動かしている大切な価値観は何だろう？」

「もしも何も縛《しば》りがないとしたら、自分はまず何をするだろう？」

「何でもできる自分だったら、何をする時間を優先するだろう？」

こんなふうに、自分の欲望や目標に対して深く、くり返し問うていくのです。

ここで注意していただきたいのが、決して過去や今の延長線上で考えないことです。これまでの自分のままで考えてしまったら、（B）の部分の目標しか見つかりません。

そのためには、時折「あの人だったらこの質問に何と答えるだろう？」と他人の視点に立って考えてみるのもいいメソッドでしょう。

たとえば、

「イーロン・マスクだったらどう答えるか？」

「自分がうちの会社の経営者だったらどうしているか？」

「自分がスーパーモデルだったら？」

そんなふうに、突拍子《とっぴょうし》もないほど遠くの誰かの視点を借りると、いまの自分の持っている条件を取っ払って思考を深めることができます。

そんな内観を丁寧に続けていけば、あなたが本気でやりたいことが見つけ出せるはずです。

ただし、もう一つ注意点があります。

このように、「自分が本当にやりたいことは？」と問われたとき、よく答えとして出てきがちなのが「南の島でのんびり暮らしたい」とか「働かず悠々自適《ゆうゆうじてき》に生きていきたい」といったものです。

しかし、これは夢や目標とは言えません。

成功した後の姿を具体的にイメージできていないから、「のんびり」という抽象的な言葉が出てきているだけ。いわば、思考停止の状態なのです（その証拠に、具体的な都市名が出てこず、「南の島」と言ったりします）。

実際、「のんびり」暮らせるほどのお金を持ったイーロン・マスクなどの億万長者は、あなたの何倍も何十倍も働いています。

仕事で成功して莫大なお金を手にした。地位や名誉を手に入れた。そんな立場に立ったときに、自分は何がしたいのか。具体的にどこで、どんな人と、何をして過ごすだろうか。そこにじっくり向き合うのが内観なのです。

「自分が本当にやりたいこと」が見えたら、次はビジュアライゼーションです。

その目標を達成した自分をしっかりイメージしましょう。

そうすることで、「達成している自分こそが自分らしい」と思うようになる必要があります。

なぜなら、「達成できないかも」と疑う気持ちが1％でも生まれれば、すぐに「やらない理由」や「諦める言い訳」を見つけ始めるのが人間だから。実現への本気度がすぐに揺らいでしまうからです。

ひとときも頭から離れない思い。

何がなんでも叶えたい目標。

むしろ、叶えるのが自分にとって当然の目標。

そこまで強く信じられてこそ、本当に実現への本気度が高い目標だと言えるのです。

①究極の欲張りになった結果、見ることができた高い目標であること
②あなたが本気で実現したいと思っていて、自分が叶えられると信じて疑わない目標であること

この2点を押さえた目標が見つかれば、それがあなたにとっての〝圧倒的〟な目標です。

〝圧倒的〟な目標ができたなら、ぜひそれを人に宣言してください。人に話す、つまり言葉にすることで、目標は輪郭を持ち、より具体的なものへと進化していきます。

さらに、圧倒的とも言えるほど強い想い（エネルギー）は、人の心を動かします。人に宣言することで、必ず協力してくれる人が現れるでしょう。きっとすぐに実現へ向けた体制が整っていくはずです。

そうして、自分の頭の中で見つけた〝圧倒的〟な目標が、だんだんと現実化する未来と化していくのです。

コロンブスの声を聞け

〝圧倒的〟な目標を持つことで、可能性の上限をリセットできる。
ただの夢物語ではない、実現可能な「未来」にすることができる。
そうお伝えしました。

ですが、この〝圧倒的〟な目標（ゴール）が人生の「終点」だと思ってしまうと危険です。それでは、再び上限を設定するようなもの。本末転倒です。

たとえゴールにたどり着いたとしても、その先にもまだまだ未来は続いています。

ゴールに着いたら、また次のゴールを見つけ出す。
次のゴールに向けて走り出す。

そのくり返しが人生なのです。

ですから、常にゴールの先まで考えるようにしなければなりません。

ただし、人は、いま自分に見えている世界がすべてだ、と思ってしまうものです。

ドイツの哲学者ショーペンハウエルはこう言いました。

〝誰もが自分の視野の限界を、世界の限界だと思い込んでいる〟

どうして、人は目に見えている範囲を限界だと思ってしまうのか？

それは、私たちの脳は、知らないことは見えないようになっているから。知らないことには興味も関心も抱けないからです。

たとえば、1492年探検家のコロンブスが、初めてアメリカ大陸に到達しました。これをきっかけにして、多くの航海者がアメリカに渡り、アメリカの植民地化が進んでいきました。

どうして、それまでは誰も到達できなかったのに、コロンブスが行った途端にみんながアメリカに行けたのでしょうか？

それは、「この先に進めば大陸がある」とみんなが知ったからです。

「この航路の先には、こんな世界が広がっているんだ」と確信できたから、みんなもアメリカ大陸にたどり着けたわけです。

反対に、コロンブス以前の人たちは、途中で「この航路じゃないのかもしれない」と舵を切ったり、「やっぱり大陸なんてないのではないか？」と引き返したりしたから、たどり着くことができなかったのでしょう。

これと似たケースは、私たちの身近でも見ることができます。

たとえば、よく「転職したい」と口にして、いまの会社の愚痴ばかり言っているのに、まったく転職活動はしない人がいます。

これは、転職がうまくいった人を身近に知らないのが理由でしょう。転職というゴールの先にある光景をイメージできないから、動けなくなっているのです。

もしも、この人のそばに「転職して今はこんな仕事をしています。転職してよかった！」と語る人がいたならば、きっとすぐにでも「自分もやってみよう」と転職活動に踏み出す気持ちが湧くはずです。

ゴールは、人生の終点ではありません。
未来は、ゴールの先にもずっと続いているものです。

そのことを忘れずに、常にゴールの先まで知るように心がけましょう。
いつでも、いまよりも広い世界を見る意識を持つ。私たちはずっと視野を広げていかなければならないのです。

では、どうやって視野を広げていけばいいのでしょうか？

それには、コロンブスの声を聞くことです。

つまり、成功者の声を聞くこと。

コロンブスが「この航路を進めば新大陸がある」と言ったなら、その声にしっかり耳を傾《かたむ》ける。

転職をした人が「こうやって転職活動をした」とか「働き方はこんなふうに変わった」と語るなら、それを聞く。

成功者の声は、書籍をはじめ、いろいろな形で伝えられています。

そうした本を読むなどして、あらゆる世界の成功者の情報を仕入れるといいでしょう。

成功した人は、言い換えれば「ゴールの先を見た人」です。

先に行った人たちの見てきたものや聞いてきたものを知ることで、もっともっと先の世界があるのだと理解していきましょう。

自問自答でブレーキを外す

自分の飢餓感を煽る。

〝圧倒的〟な目標を持つ。

ゴールの先を知る。

ここまで紹介したのは、いわば欲望というアクセルの踏み方です。

一方で、いまのあなたが無意識のうちに踏んでしまっている「ブレーキ」に着目する方法もあります。


どうすればブレーキを外せるのか。

それは、ブレーキに対して自問自答をしていくことで叶います。

モグラ叩《たた》きの要領で、顔を出したブレーキを自問自答というハンマーで一個一個叩いていく様子をイメージしてください。

その都度やっつけていけば、何かのブレーキに頭を囚《とら》われることもなくなります。

自問自答については、第1章でもお話ししましたが、そのときと同じように「なぜ?」と「何?」の問いをうまく活用していくといいでしょう。

たとえば心の中で「どうせ自分には無理だし……」というブレーキが顔を出した場合。

「無理だと思うのはなぜだろう?」と原因を考えてみます。

すると、たいていは誰かに「それは無理だよ」とか「お前には無理だ」と言われた過去の経験が見えてきます。

「そんな願い、叶うわけないよ」といったドリームキラーの声があったのかもしれません。

さらに自問自答を重ねます。

「なぜあの人は、自分に無理だと言ったのだろう？」
「いまの自分を見ても、無理だと言われるだろうか？」
「そもそも、今その人はそばにいるのか？」
「自分は本当に無理だと思うのか？」

問いをくり返していくと、現在の自分の状況がはっきりと浮かび上がってきます。

そのブレーキを生み出す存在はもうそばにいなかったり、無理だと言われたときの自分とは実力が違っていたり。過去に囚われていただけで、すでにそのブレーキは存在しないということがわかるのです。

このように、じっくり考えてみれば、実はブレーキは過去の亡霊だった、なんてことはよくあることです。

あるいは、「普通はこうするから」というバイアスが顔を出してきたとき。


「たとえば誰が、そうしているのだろう?」

「なぜその人は、そうしているのだろう?」

「そのまま、その人の真似《まね》をしているとどうなるだろう?」


そんなふうに自分に問いかけてみるのです。

「誰か」と同じことをしていたら、最高でもその人と同じレベルまでにしかなれません。

普通と同じことをしていたら、凡人にしかなれないのです。

そのことに気づけたならば、「普通はこうする」という集団同調性バイアスは、簡単に外すことができるでしょう。


私たち人間は、とにかく言い訳が得意です。

慣れ親しんだコンフォートゾーンに留まりたいし、心は変化なんて望んでいません。いつも変わらないための理由を探しています。

だから、自分でそれに対抗しなくてはなりません。人間の本能にあらがうには、意識するしかないのです。


そのためには、自問自答して考えること。

言い訳に対して、

「本当にそうか？」

「なぜそうなのか？」

としつこくツッコミを入れていくことです。


そういうときに有効な質問を、私は「コンティニュークエスチョン」と呼んでいます。

自分を奮《ふる》い立たせ、自分を高めてくれる質問のことです。


「それを叶えた人はいないのか？」

「ライバルだったら、今どうしているだろう？」

「今やらなかった場合、1年後の自分はどう思うだろう？」

こうした問いかけが、コンティニュークエスチョンに当たります。

もしくは、

「明日死ぬとしたらどうするか？」

「すべてを失うとしたら？」

など、極端なシチュエーションや条件を自分に突きつけるのも、いい質問です。

迷いが消え、決断を下すことができるでしょう。

ここで、私の大好きな詩『最後だとわかっていたなら』（ノーマ・コーネット・マレック）の一節をご紹介しましょう。

私は、何かに悩んだとき、言い訳をしそうになったときには、必ずこの詩を思い出します。すると、躊躇《ためら》いなく一歩踏み出すことができる。今できる行動をしようと心が奮い立つのです。

「そして　わたしたちは　忘れないようにしたい

若い人にも　年老いた人にも
明日は誰にも約束されていないのだということを
愛する人を抱きしめられるのは
今日が最後になるかもしれないことを

明日が来るのを待っているなら
今日でもいいはず
もし明日が来ないとしたら
あなたは今日を後悔するだろうから

微笑みや　抱擁《ほうよう》や　キスをするための
ほんのちょっとの時間を
どうして惜《お》しんだのかと
忙しさを理由に
その人の最後の願いとなってしまったことを
どうして　してあげられなかったのかと

だから　今日
あなたの大切な人たちを
しっかりと抱きしめよう
そして　その人を愛していること
いつでも
いつまでも　大切な存在だということを

そっと伝えよう

〝ごめんね〟や〝許してね〟や

〝ありがとう〟や〝気にしないで〟を

伝える時を持とう　そうすれば

もし明日が来ないとしても

あなたは今日を後悔しないだろうから」

（ノーマ・コーネット・マレック『最後だとわかっていたなら』サンクチュアリ出版）

教えを素直に受け入れよう

最後に、一番簡単で即時的なリセット方法をご紹介します。

それは、「先人の教えを受け入れること」です。

歴史上の偉人でも、成功した経営者でも、スポーツ選手でも構いません。もちろん身近にいる尊敬できる上司、自分より実績のある先輩などでもいいでしょう。

そうした偉大な先人たちの教えを素直に聞き入れて、自分で実践してみるのです。


たとえば、スティーブ・ジョブズの教えを受け入れるとします。

ジョブズの真似をして、毎日「もし今日が人生最後の日だとしたら、今やろうとしていることは本当にやりたいことか?」と自分に問いかけてみる。

もしくは、いつも同じ服を着ると決めてみるのもいいし、見えない部分まで美しくデザインするという彼の哲学を踏襲するのもいいでしょう。
自分の価値観で、それができるかできないかを考えず、「とにかくジョブズがこうやっている（こう言っている）から、私もやる」と決めるのです。それが「教えを受け入れる」ということです。

これはつまり、強制的に自分の考えを消すことを意味します。

だから、当然あなたの心に潜んだ「どうせできない」や「普通だったらこうする」などのブレーキもリセットすることができるのです。

これは、自分のブレーキをリセットするのに一番簡単な方法です。
難しく考える必要もないし、複雑な準備もいりません。
それにもかかわらず、多くの人はやりたがりません。
成功者の本を読んで心を動かされたり、せっかく的確なアドバイスをもらったりしても、ちゃんと自分で実践してみる人はほとんどいないのです。

その理由の一つは、「特別な人だからできること」という線引きのバイアスがかかるからでしょう。あるいは、自分を消して、これまでの自分と違うことをするのに、瞬間的に拒絶反応を示してしまうからかもしれません。

ですが、それは本当に、あなたにはできないことなのでしょうか？

すでに実践し、達成している人が存在するのです。

人にできていることが、あなたにできない理由はありません。


あなたが本気でやろうと思えば、やると決めたなら、何でもやれるのです。

そうして頑張ってみれば、自分は変わります。

人生は変わり始めます。


やや厳しい言葉かもしれませんが、「どうしても変われない」とか「それは自分にはできない」などの言葉は、ただ頑張っていない自分を正当化する言い訳にすぎません。

もちろん、真似をしてみたら、その人のやり方が自分に合わないこともあるでしょうし、やっていくうちに考えがズレていくこともあります。

その場合は、また別の人から教えを請えばいいだけです。成功者や偉大な先人はいくらでも存在しますし、学びになる教えは無数にあるのですから。

そんなふうに、人の教えを素直に聞き入れる頻度が増えていくと、人や情報の質を選ぶ目も肥《こ》えていくでしょう。次第に「合わない」ことも減り、自分自身の思想も構築されていくはずです。

ジョブズも深く影響を受けていたという禅の世界には、「我見を離れる」という教えがあります。

これは「我見」、つまり自分の思いばかりに囚われることをやめたとき、真理を見抜く目が開くのだ、という教えです。

我を捨てると、必ず見えるものが広がり、人間的成長が得られます。

まずやってみる。
それだけで人生は変わり始めます。

言い訳をやめて、すべてのものを手に入れようという欲張りな努力をスタートさせましょう。

第4章

環境の「前提条件」をリセットする

安泰のレールから降りよう

どうしても、自分を変えられない。成長しない。成功をつかめない。

その理由を考えるときに、真っ先に何らかの外部要因を思い浮かべる人は非常に多いのではないでしょうか？

たとえば、

「お金がないから」

「時間がないから」

「自分は育ちが悪いから」

「私には学歴がないから」

そんな理由を挙げて、変われないのも仕方がないと諦めている人たちです。

最近では、「ガチャ」という言葉もよく耳にします。

「親ガチャに外れたから仕方ない」とか「配属ガチャが悪かった」、「上司ガチャが……」など、自分ではどうすることもできない〝運〟によって、いまのよくない境遇があるのだと嘆《なげ》いているのです。

しかし、これらは本当に、あなたが変われない原因なのでしょうか?

たしかに、人生においては、自分自身では選択できない要素が存在します。

生まれた国や時代、どんな親のもとに生まれるか、どんな家族に囲まれているか、身長はどれくらいか、容姿はどうか、どんな体質か、育った環境はどうだったか。

こうした要素は、自分では選べないし、取り替えることもできません。自分の人生が決定づけられているように感じるのも仕方ないことでしょう。

しかし、この考え方は、言うなれば「電車」的な発想です。

電車は、敷かれたレールの上を走ることしかできません。

脱線することはあり得ないし、新しいルートをつくり出すのには何十年もの工事が必要。決められた道を、決められた目的地まで走る乗り物です。

「生まれ育った環境によって人生が決まってしまう」という考え方は、電車のように、みんな自らの意思に関係なく、誰かに用意されたレールの上を生きているというようなものです。

でも、本当にそうでしょうか？

もちろん子どものうちは、誰かがつくったレールの上を走らざるを得ないでしょう。着る服や食べる物を親が選んだり、習い事を勝手に決められたりすることもあります。

けれど、大人になるにつれ、人は自分の意思で選択できるようになります。

着る服、食べる物、持ち物、住む場所、仕事、時間の過ごし方。日常の些細《ささい》なことも、人生の岐路《きろ》も、最終的な選択を下しているのは、いつもあなたであるはずです。

あなたは、ハンドルを持たない「電車」ではありません。

あなたは、自分で道を見つけ出すこともできるし、自由に走りまわる力があります。

たとえるなら、人生は自分専用の「車」でいく、自由な旅なのです。

どんなスタートを切ったとしても、どう運転していくか、どの道を進むかは、ドライバーであるあなたに任されています。

つまり、どんな環境にあっても、人生がどうなるのかは、あなたがどう生きるか次第なのです。


ここで断言しておきます。


あなたが変われない理由は、決して「環境」のせいではありません。

問題は、あなたがレールを降りる勇気があるかどうか、それだけなのです。


与えられたレールの上を、「このレールの元に生まれついたから仕方がない」と言って、まっすぐ走り続ける人もいれば、レールから降りて、自分で好きな道を走り始める人もいます。

それが、変われる人と、変われない人の違いです。

あなたは、どちらの人生を送りたいですか?

答えは聞くまでもありませんね。

この章では、どうすればレールから降りられるのか、すなわち、どうすれば与えられた環境をリセットできるのかを考えていくことにしましょう。

与えられた環境を、別のメガネで観察する

変われない理由として、「環境」のことを持ち出すのは、すべて言い訳です。

行動しない、うまくいかないときの言い訳として使うために、自分の環境に対してネガティブな偏見を持っているだけなのです。

たとえば、「日本に生まれたから、私は英語ができないんだ」と考える人がいます。けれど、見方を変えれば、「日本に生まれたから、英語を勉強することができる」とも言えるはずです。

なぜなら、日本は義務教育から高等教育まで、きちんと整備された先進国であり、英語教育にも力を入れています。さらには、英会話ラジオやYouTube動画など無料で学べる環境まで整っています。

一方で、こうした教育システムを持たない国は、世界中にたくさんあります。

こう考えると、日本に生まれたことは「英語ができない」というネガティブな条件ではなく、「英語を勉強することができる」というポジティブな条件だと捉えることができるはずです。


あなたが「○○だから、△△ができない」と考えていることの背景には、必ず「○○だから、□□ができる」という考え方があります。


つまり、「環境」は客観的な条件ではなく、あくまでもあなたの主観的な条件にすぎないのだと考えましょう。

環境の条件を、どう捉えるか。それが人生を大きく左右します。

ここではまず、代表的な「環境」への思い込みを5つご紹介しましょう。

①家庭環境

私たちの人格形成や価値観の形成において、家庭環境が与える影響は非常に大きいと言えます。

厳格で保守的な両親もいれば、リベラルで子どもの自主性を尊重する両親もいるでしょう。経済的に裕福な家庭もあれば、そうでない家庭もあります。

仮に、あなたが「もっと裕福な家庭に生まれていたならば、よりよい教育を受けられて、今頃は成功を収めていたはずだ」と考えているとします。

ですが、裕福な家庭に生まれなかったことを「この環境があったからこそ、あらゆる誘惑を断ち、反骨心を持って、学業に打ち込むことができた」とポジティブに捉えている人もいるはずです。

あなたは、どちらを選びますか？

②身体的条件

容姿や身長、体質といった身体的な条件は、遺伝的な要素が大きいものです。

そのため、「もしも身長があと10㎝高かったら、もっと自信が持てたのに」などと考えたことがある人も多いでしょう。

しかし、世界最高のサッカー選手であるリオネル・メッシ選手の身長は、１７０㎝に届きません。「神の子」と呼ばれたアルゼンチンの伝説的選手、ディエゴ・マラドーナ選手にいたっては、１６５㎝です。

日本のプロサッカー選手の平均身長は、１７８㎝。それと比較しても、彼らがサッカー選手として体格に恵まれていないことは明らかです。

彼らは「もしも身長があと10㎝高かったなら」なんて言い訳を語るでしょうか？

いいえ。むしろ「この身長だったからこそ、このプレースタイルを身につけたのだ」と胸を張るはずです。

③学歴

学歴も同様です。たしかに、学歴は就職試験の合否を左右しますし、会社に入った後も学歴で何かを判断される機会はあるでしょう。だから、自分の学歴に対して「どうせＦランだから」とコンプレックスを抱いている人も少なくありません。

ですが、4年制大学への進学率をデータで見てみると、男女ともに50％台になっています（令和4年度学校基本調査）。つまり、実に4割以上の人が、大学に進学しないまま、社会で活躍しているのです。

たとえば、ZOZOTOWNで有名なスタートトゥデイ創業者の前澤友作さんは、最終学歴が早稲田実業学校高等部卒業です。それでも、宇宙旅行に行くほどの財を成しています。また、「経営の神様」と言われた松下幸之助さんは、当時の（尋常）小学校さえ卒業していません。

そう考えると、成功に学歴は関係ないのだと思えませんか？

④出身地

「もしもアメリカに生まれていたら英語ができたのに」と考えるのと同様に、「もしも都会に生まれていたら」と考えている地方出身者は多いものです。

都会に生まれるメリットはありますが、一方で地方に生まれたことのメリットも必ずあります。たとえば「上京して一旗揚げよう」という夢が持ちやすかったり、「地元の名士」

になることだってできるでしょう。

実際、東京生まれ東京育ちの人ほど「地元」を持つ地方出身者を羨ましく思っているという話もたびたび耳にします。

⑤怪我や病気

先天的なものであれ、後天的なものであれ、怪我や病気を抱えていると「そのせいで変われない」と思いやすいものです。

たしかに、「健康な身体だったら……」と考えてしまうのは自然なことでしょう。しかし、それが生涯続く持病なのであれば、うまくつき合っていくしかありません。

たとえば、先ごろ国民栄誉賞を受賞した、車いすテニスプレイヤーの国枝慎吾さん。

彼は、あるインタビューで、

「車いすでテニスをやっていることが偉いわけじゃない。目が悪ければメガネをかける。僕は足が悪いから車いすに乗る。その状態でスポーツをするしかない。スポーツをしたいというのは、みんなも思うこと。結局、そこに特別なことはないとずっと思っていた」

と語られていました。

自分の病や障がいを特別視することなく、今ある条件の中で、ベストを尽くすことが何よりも大切なのではないでしょうか？


ここから私が言いたいのは、「与えられたもの」に注目する必要があるということです。

人はつい「与えられなかったもの」ばかりを見てしまうものです。そして隣の人の持っているものを羨ましがり、不平不満を口にする。

けれど、よくよく見てみれば、あなたにも十分たくさんのものが与えられているのです。隣の誰かは、あなたのことを羨ましがっているかもしれません。

与えられたものを見落として、勝手に人生を諦めるのは極めてもったいないことです。

自分の努力不足を環境のせいだと言い訳するのは、今日で終わりにしましょう。

どんなときも、自分に与えられたものにフォーカスし、それをどう使っていくかを考えていくべきなのです。

「マイノリティ」になれ

ここからは具体的に、どうすれば「環境」をリセットできるのか、その方法を考えていくことにしましょう。

一つめのリセット方法は「マイノリティ（少数派）になること」です。

自分がマジョリティ（多数派）でいられる場所。
それは自分にとって居心地がいい場所（コンフォートゾーン）です。

なぜなら、マジョリティでいれば、誰かにその地位を脅かされたり、強烈な批判にさらされたりすることがないから。

しかし、第1章でお話しした通り、人はコンフォートゾーンにいる限り変化することができません。「刺激や緊張感のない状況に身を置いて、のんきに怠惰な時間を過ごす」様子を「ぬるま湯に浸かる」と言いますが、コンフォートゾーンとは、私たちにとって、まさに「ぬるま湯」なのです。


マジョリティというぬるま湯を抜け出す。

つまりマイノリティになることで、初めて変化のスイッチが押されるのです。


では、どうすればマイノリティになれるのでしょうか？

一番わかりやすいのは、物理的な移動です。

自分が少数派だと思わせられるような、まったく新しい土地や、新しいコミュニティへ飛び込むのです。


たとえば、親元を離れて一人暮らしを始める。

地方から東京に出て就職先を探す。

別の業種の人たちとの交流会に参加する。

いっそのこと日本を飛び出して、性別や国籍など、自分とは属性の違う友だちをつくる。

そうすることで、これまで自分の人生には登場したことのないような人に出会い、知らなかった文化に触れ、多くの刺激が得られます。

その中で、あなたは「そういう考え方もあるんだ」とか「こういう環境を乗り越えた人もいるんだ」「こんな暮らし方もあるんだ」と新しい価値観や生き方を知っていくことになるでしょう。

その結果、マジョリティのぬるま湯から抜け出て、自分をリセットすることができるはずです。

あるいは、同じコミュニティの中でマイノリティになる方法もあります。つまり、組織の中の「異端児」や「異分子」になる方法です。

たとえば、一家みんなが警察官などの公務員になる家系に育ったけれど、自分の夢を叶えるためアーティストを目指す。県外の大学を受ける人さえ少ない地方の公立高校に通っていたけれど、夢を叶えるため海外の大学を受験する。

ただし、いずれの方法にせよ、マイノリティになることは「居心地の悪さ」という痛みを伴います。

周りの人に共感できなくて孤独を感じたり、自分の意見が通らないもどかしさがあったり。理不尽だと感じることも、好奇の目にさらされることもあるかもしれません。

けれど、その居心地の悪さから逃げないでください。

「モヤモヤ」や「気持ちの悪さ」「共感できない」などのネガティブな感情を受け入れてください。

その痛みは、「成長痛」に他なりません。

居心地の悪い環境にこそ、新しい学びがあり、努力のエネルギーの源泉があるのです。

違和感を受け入れた先に、成長があるのだと理解しておきましょう。

共感できる人や慣れ親しんだ仲間たちとばかり過ごしていても、刺激は得られないし、人生は面白味に欠けたものになってしまいます。もちろんそこには成長もありません。

ちょっと背伸びをする。

自分とは合わないかなと思う人と一緒にいる。

常に新しい価値観を学んでいく。

そんな「マイノリティになりにいく」行動を起こしてこそ、自分を縛っていた「環境」をリセットし、自己変革を遂げられるのです。

異端視されることを喜びましょう。一般的ではない人生を送ることは、普通では考えられないほどの大成功をつかむ道でもあるのです。

〝Stay hungry, Stay foolish.〟

ハングリーであれ。そして愚か者であれ。スティーブ・ジョブズの有名な言葉です。

ハードワーク（猛勉強）で、すべてを覆せ

環境をリセットする方法、二つめは「ハードワーク（猛勉強）をすること」です。

どんな育ちか、親の価値観はどうだったか、学歴はどうか。そんな環境要因をすべて覆《くつがえ》すことができるのが、ハードワークです。

実際、マイナスとも思えるスタートからハードワークによって成功をつかんだ人はたくさんいます。

たとえば、ソフトバンクグループ創業者の孫正義さん。彼は経済的に貧しく、また差別を受けるなど厳しい幼少期を過ごしています。ですが、現在はみなさん知っての通り、大きな成功を手にされています。その背景には、一心不乱に勉学や仕事に明け暮れた日々がありました。とくに、高校を中退し、アメリカへ留学した際のことは、「世界で一番勉強した。間違いなく世界一勉強した」とご自身で語られています。

では、ハードワークとは具体的にどんなことを指すのでしょうか？

それは、100％の努力をすることです。

自分が持ち得る限りの時間と体力を注ぎ、文字通りハードに努力すること。

でも、実はそうして、ただがむしゃらに頑張るだけでは、まだ足りません。

身体的な100％の努力にプラスして、精神的な面でも100％の力を傾ける必要があります。

たとえば、高校球児が無目的に1000本の素振りをする。これは、100％の努力に思えますが、身体面だけの努力にすぎません。闇雲に素振りするのではなく、一球一球ピッチャーから投げられたボールをイメージしてバットを振る。その精神的に完全な状態も揃《そろ》って初めて、本当の「ハードワーク」となるのです。

これは勉強や仕事でも同じです。

ただ単に宿題をこなしたり、残業をしてタスクを終わらせるだけではなく、自分の意志で「成績を上げたい」「よりよい仕事がしたい」という向上心を持って、100％の力を注ぐ。寝る間も惜しんで、頭から煙が出るくらいに努力する。それがハードワークです。

ハードワークをすればするほど、自分の力に自信が持てるようになります。大きな勝負所や人生の岐路と思える場面でも、堂々と自分の信じる道を選択し、力を発揮することができるようになるでしょう。

いわば、ハードワークとは、成功のための準備です。

成功とは準備がすべて。準備を怠《おこた》った人のところに成功はやってきません。

抜かりない努力（準備）を積み上げた先に、やっと目標の達成という成功をつかむことができるのです。

そうして成功した後で、「環境」を気にする人などいません。

たとえどんなマイナスなスタートだったとしても、成功する頃には、「むしろ、そのおかげで頑張れたから今がある」といい経験として捉えるようになっているはずです。

ハードワークをして成功をつかむことで、環境条件をリセットできるのです。

ハードワークに欠かせない「ＰＤＳＡ」とは？

実は、このハードワークと成功の関係には、一つ落とし穴があります。

それは、一度目標を達成した後に、努力（ハードワーク）をやめてしまう人が非常に多いことです。

たとえば、あなた自身、あるいは、あなたの周りの人たちの中には、子どもの頃からの夢を叶えて、なりたかった職業についている人もいるでしょう。

正《まさ》に目標達成した人たちですが、それが「ゴール」となって、そこから先の勉強や練習をやめてしまうのです。せっかく夢を叶えるだけの能力、スキルがあったとしても、それを活かすどころか、無に帰すようなことをしてしまうわけです。

そんな人たちにおすすめしたいのが、常に「ＰＤＳＡ」を意識することです。

ＰＤＣＡという言葉は、みなさんも聞いたことがあるでしょう。

①「Plan（計画）」
②「Do（実行）」
③「Check（測定・評価）」
④「Action（対策・改善）」

この4段階の頭文字を取ったのが「ＰＤＣＡ」で、これをくり返し行うことで、業務の改善を促すフレームワークです。

この3段階目である「Check」を「Study」に変えたのが、「ＰＤＳＡ」です。「Study」とは、言葉そのままの意味で、自ら調べたり、人に尋《たず》ねたりして、とにかくたくさん学ぶことを指します。

なぜ「Check」ではなく、「Study」なのかというと、自ら正しく「Check（評価）」するのは、非常に難しいからです。

とくに、知識や経験が不足している状態では、評価の基準が曖昧になり、的確なふり返りができません。「目標を達成したら、努力なんてしなくてもよくなる」などと考えてしまうようでは、なおさらです。

つねに己の未熟さを自覚し、戒《いまし》める意味でも、インプットの量を担保しましょう。目標のために、計画を立て（Plan）、それを実行し（Do）、そこで足りない部分をインプットして（Study）、また改善する（Action）。

この繰り返しが、ハードワークを継続していくコツになります。

ハードワークを続けていく中で「Study」はとても重要ですが、なかには、「人に教えてもらうのは安易ではないか」「答えは自力で見つけてこそ身につくものじゃないか」と考える人もいるかもしれません。

仕事は現場で覚えていくもの。まずは雑用をこなしながら、その中でスキルを身につけていくもの。そのように教えられることがあるからかもしれません。

たしかに、実践的な練習は役に立ちます。先輩の背中を見て仕事を覚える場面もあるでしょう。
でも、それは「Study」の一部にすぎません。

勉強には、いろいろなスタイルがあります。

自分でコツコツ学ぶやり方もあれば、現場で体得する知識もある。あるいは人に教えてもらって、よりわかるようになることだってある。
本を読んだり、セミナーを受けたりして「人から学ぶこと」も含めて、自分の「Study」です。それをするから前に進んでいけると私は思っています。

頼れるものは、どんどん頼っていいのです。
使えるものは何でも使う。
そのマインドこそ、100%の一心不乱な努力と言えるのではないでしょうか。
学習方法にこだわるよりも、絶対的な勉強量を増やして必要な知識を増やしていくほうが、ずっと有意義な時間の使い方です。

まずは努力の量を増やす。

それがあなたの成長の基礎をつくってくれることは間違いありません。

その努力を怠って、成功できていない現状を「時間がないから」「自分は〇〇じゃないから」と外部要因のせいにするのは、甘えでしかありません。

ハードワークによって、必ず環境はリセットできます。

どんなスタートだったとしても、すべてを覆せるのです。

新しい常識をキュレーションしていく

マイノリティになる。

ハードワークをする。

以上の話は、いわば自分の「現住所」をリセットする方法でした。

マイノリティになるのは、今いる環境そのものを変えるものですし、ハードワークをするのは、今ある自分そのものを向上させるものです。

実は、この「現住所」という環境の外側をリセットするだけでは、環境のリセットは未完成です。それに加えて、環境に付随する「価値観」までリセットしてこそ、環境のリセットは完成します。

では、「価値観」のリセットとは何でしょうか？

現住所（住む場所やコミュニティ）を変えると、出会う人たちも変わっていきます。

そうした刺激的な出会いの中で、価値観の幅を広げて、その中から自分に合った価値観を選んでいく。それが「価値観」のリセットです。

いわば、価値観をキュレーションしていく（情報を取捨選択し、新しい価値観を編《あ》み出すこと）ことが必要なのです。

たとえば、あなたが転職をしたとします。以前の会社では、みんな夜遅くまで会社に残り、残業をしていました。しかし、新しい会社には残業の文化はなく、代わりに早朝からの仕事が奨励されています。会議もクリエイティブワークも、脳がしっかり働く午前中のうちに済ませておくのがスタンダードになっているのです。

これは「現住所」（所属する会社）を変えたことによって、出会う価値観が変わった状態です。

ここで、あなたが古い価値観（残業文化）に囚われたままなら、環境のリセットは完成しません。価値観もリセットして、新しい常識（朝方勤務）をインストールしてこそ、本当にあなたの自己変革が始まるのです。


あるいは、転職先に営業成績抜群《ばつぐん》の上司がいたとします。

その人のことをよく観察してみると、毎朝何紙もの新聞を熟読していることがわかりました。日頃からそれだけたくさんの情報に触れているから、営業先での話題に事欠かないのかもしれません。それを見習い、自分もまずは一紙、新聞を購読してみることにする。

これも価値観のキュレーションの一手でしょう。


もしくは、毎晩飲みに出かけている先輩がいます。しかも、いつも親しい仲間内で飲むのではなく、毎晩違う人たちと飲んでいるようです。もしかしたら、そこで人脈を広げているのかもしれないと思い、自分も少しだけ積極的に、会社外の人と飲みに行くことにしてみる。これも価値観のキュレーションです。

キュレーションをするときのポイントは、「自分とは違ったことをしている人」に注目すること。これまでにあなたがやったことがない習慣や受け入れたことのない考え方の中に、変化と成長の種があるのです。

ただし、自分にはない素晴らしい価値観に出会ったとき、「あの人は恵まれているからできるんだ」と羨んだり、妬んだりするのはやめましょう。羨んだ瞬間から、「自分には無理だ」という諦めの芽が育ってしまいます。

そういうときには、羨むのではなく、純粋な「刺激」として受け取りましょう。「自分もそうなりたい」という刺激は、健全な努力のエネルギーになってくれます。

それから、取り入れるのは、誰かの価値観（考え方・方法）のうちの一つだけで構いません。成績抜群の上司を見て、「こんなにたくさんの新聞を読むなんて真似できないな」とハードルを上げる必要はないのです。

人のよいところのうち、「自分にも合いそう」「自分にもできそう」だと思うことを一つ取り入れる。そうして、偏りなくたくさんの人からいいところを受け継いでいく。それがキュレーションの本質なのです。

むしろ、とても尊敬できるからと言って誰か一人の価値観に傾倒することは、リセット前の、自分が持って生まれた一つの「環境」に縛られるのと同じこと。尊敬できる誰かに成り代わる必要はないのです。

あなたも含め、人はバラバラの環境を持って生まれてきています。そして、異なる環境で過ごしてきました。だから、百人百様の価値観が存在しているのです。

その多様性を知り、受け入れた上で、自分がいいと思うものをどんどんキュレーションしていきましょう。

キュレーションは、まっさらなキャンバスの上に、新しい色を追加し、新たな技法で筆を重ねていくような作業です。刻々と作品の様相は変化し、かつての絵とはまったく違う作品ができあがっていくでしょう。

つまり、他者の価値観をキュレーションしていくことで、あなたの中には新しい自分軸ができあがっていく。あなたの持っていた過去の環境がリセットされていくのです。

第5章

情報と体験を「インストール」する

リセットから「インストール」へ

ここまで、さまざまな「リセット」についてお話ししてきました。考え方のクセのリセット、可能性の上限のリセット、環境のリセット。いわばこれらは、あなたの「意識」をリセットしていく作業でした。

ただし、ここでの「意識」とは、顕在《けんざい》意識と潜在《せんざい》意識という二つの階層に分けられます。心理学や精神分析を学んだことがある人にとっては、すでに当たり前のことかもしれませんが、ここで意識についての基礎知識を確認しておきましょう。

顕在意識とは、意識のうちの表層的な部分のことです。
私たちが日常で使っている「考え」や「意識」と言っていいでしょう。
潜在意識とは、意識の下に眠っている「無意識」の部分を指します。

この二つの意識によって、私たちの言動はコントロールされているのです。

さまざまな説がありますが、その割合は、潜在意識（無意識）が96％で、顕在意識はたったの4％にすぎないといわれています。

つまり、人が日常で意図的に使える意識は、極めて限られたもので、私たちはほぼ潜在意識の働きによって活動しているのだと言えます。

たとえば、キャンプ場でヘビを見つけて飛び上がる。

これは当たり前の反応だと思われるかもしれませんが、どうしてヘビが怖いのでしょう？

ヘビに咬まれたことがあるから？

もしリスを見つけたら、同じように飛び上がるでしょうか？

ヘビを怖いと思ったり、気持ち悪いと思ったりするのは、ほとんど本能的な、無意識の領域による反応です。

潜在意識の研究の先駆けとなったのは、精神分析学の創設者と言われるフロイトと、その弟子であるユングの「無意識」についての研究でした。

ユングは潜在意識について、「潜在意識とは記憶の貯蔵庫である」という言葉を残しています。

彼にとっての無意識とは、原則として自分では触れることのできない不可侵の領域にあるものでした。

忘れてしまったと思っている記憶も、無意識の中にしっかり貯蔵されていて、自分に影響を与えていると考えていたのです。

ですから、潜在意識は、自分を支配するものでありながら、自分の自由意志では扱えないものだと思われていました。

しかし私は、長年の研究と実体験を重ねて、

「潜在意識とは〝知識〟の貯蔵庫である」

という結論にたどり着きました。

意識の下に、無限の容量を誇る貯蔵庫があるというのはユングと同じ考えです。

ただし、私たちは潜在意識を自らの自由意志で取り出し、使うことができます。

潜在意識のレベルを上げることもできるし、潜在意識の力を活性化させることも、それを活用して自分の願いを叶えることもできるのです。

成功哲学の権威であるジョセフ・マーフィーはこんな言葉を残しています。

「すべての人は思いのままに生きている」

この一節に、マーフィーが見出した潜在意識の真理が詰まっていると感じます。

「こうありたいと強く願うだけで願望が実現する」という「マーフィーの法則」も、私たちが潜在意識を「使うことができる」という前提に立ったものと言えます。

潜在意識には、過去に私たちが触れてきた知識や情報、経験が無限に蓄《たくわ》えられています。

たとえば、あなたが出会った人から聞いた言葉。

テレビで流れていた曲の一節。

10年前の旅行で食べた蕎麦《そば》の味。

高校時代に学んだ難解な数式。

もちろんあなたは覚えてなどいないでしょう。でも、意識の下に潜む潜在意識には、その情報がたしかに貯蔵されているのです。

そして、この潜在意識に貯蔵されたものに影響を受けて、私たちの思想や行動は形づくられています。しかも、思わぬ場面でその知識が私たちを助けてくれるのです。


より上質な情報や体験を「知識の貯蔵庫」にインストールしていくことで、自分の行動をよりよくしていくことができます。

これが私の結論であり、「潜在意識を使う」ということです。


どんな情報に触れ、どんな知識をインストールするかによって、あなたのこれからは大きく変わってきます。

ここまで、自分を縛っていた思い込みや偏見をリセットする方法を考えてきました。

リセットした今のあなたの潜在意識は、白紙のキャンバスのようなものです。

いまから、あらゆるものがそこに描かれ、素晴らしい絵をつくってくれるでしょう。

そのためにも、次は、そこに新しい知識や価値観をインストールしていきましょう。

よりよいインストールを積み重ねることで、潜在意識はそのパワーを十分に発揮し、人生の成功をたぐり寄せることができるのです。

［WANT］あらゆることに好奇心を持て

情報や体験をインストールする上で、何よりも大切なのが「好奇心」です。

好奇心が強ければ強いほど、潜在意識に貯蔵される知識は雪だるま式に増えていきます。

たとえるなら、好奇心が豊かな人は、解像度の高いカメラを持った人です。

どこへ行っても、どんな情報に出会っても、取りこぼすことがありません。知識を余すことなく自分の中に蓄積していけます。

反対に、好奇心がない人が持っているのは、解像度の低いカメラです。

そのカメラでは、自分が興味のあることや、大きな出来事しか拾うことができません。

たとえ同じものを見ていても、情報はぽろぽろとこぼれ落ち、ほんの少しの知識しか蓄積されないのです。

たとえば、喫茶店でコーヒーを飲むとします。

好奇心のない人は「おいしいコーヒーだ」と思って終わりでしょう。

けれど好奇心の強い人は、豆の品種や産地、焙煎方法などを知りたくなる。メニュー表に添えてある説明書きを読んだり、マスターと話したりして、たくさんの知識を仕入れるはずです。

日常の些細な場面でも、蓄積される知識の量には、これだけの差が生じます。

毎日の生活の中でそれが積み重なっていけば、1年も経《た》つ頃には、簡単には埋められないほどに差が開いているでしょう。

とはいえ、コーヒー豆の知識なんて仕事に役立たないし、仕入れる必要はないのではないか。そんな反論が聞こえてきます。

しかし、そもそも、知識というものは、そのすべてがそのままの形で役に立つわけではないのです。

「これを勉強しておいたから、テストで点数が取れた」のように、ある知識を得たからといって、すぐに結果に結びつくことはほとんどありません。

では、なぜ日常的に好奇心を持って情報を得ることが必要なのか。

それは、潜在意識の中にいつのまにか入っていた、何でもない知識が、不思議と別の領域で活きることがあるからです。

たとえば、私はセミナーを開催するとき、必ず質疑応答の時間を設けています。参加者の方々がどんな質問をするかはわかっていませんから、自分が何を話すかを事前に準備することはできません。ときには回答が難しい突飛な質問もあるのですが、私はいつも気がつくと、自分でも驚くくらいスラスラとお答えしています。

なぜそんなことができるのかというと、これまで得てきた知識、積み重ねてきた経験、自分の頭で考えてきたことが、潜在意識の中で折り重なって、答えを浮かび上がらせてくれるからだと思います。そういうふうに自分でも気づかないうちに身につけているのが潜在意識の力なのです。

スティーブ・ジョブズは、これを「コネクティング・ドット」と呼びました。彼は、点の知識と点の知識が、あるとき線で結ばれることがある、と語ったのです。

彼は学生時代にカリグラフィー（文字を美しく描くための手法）の授業を受けていました。そのときは、何かに役に立つと思っていたわけではなく、単なる好奇心で受講を決めたと言います。

しかし、10年後、マッキントッシュのパソコンを開発している際に、人が的確に視覚認識するには、モニターの中の文字が重要だと気づきます。そのとき、彼の頭に浮かんだのが、カリグラフィーの授業でした。

そのひらめきから、コンピューター上で字体やサイズ、字間、行間などを美しく整える「フォント」の概念が生まれました。いまでは、パソコンが美しい書体を持つことは当たり前になっています。

一見なんの関係もない「カリグラフィーの授業」と「パソコンの開発」という点と点。

それらが結びついた結果、「フォント」のアイデアにつながったのです。
これはまさに、潜在意識に眠っていた知識が、別の領域で生きることがあるという実例でしょう。

好奇心からなんとなく手に取った本。
休日に行った、友だちとのランチでの会話。
通勤中に流し聴きしていたポッドキャストでのトーク。

そうしたなんでもない場面で仕入れていた知識が元になって、10年後や20年後、あなたの仕事を発展させる素晴らしいひらめきが生まれるかもしれません。

日頃からあらゆる知識を潜在意識の中に取り入れていれば、重要な岐路で、あなたを助けてくれることもあるでしょう。

逆に、緊急事態になってから慌てて知識を得ようとしても、うまくはいかないものです。知識を短期間で急増させることも、つけ焼き刃の知識を現実に活かすのも、極めて困難です。

インストールは、時が来てからでは遅いのです。

日常的にあらゆることに好奇心を持って、たくさんの知識を蓄えていくことが大切です。

［WHAT］インストールすべき4分野

それでは、具体的にどんな知識をインストールすべきなのでしょうか？

ストレージが無限だといっても、私たちの時間は有限です。また、無意識に膨大な知識を蓄えていくわけですから、当然悪い知識を増やしてしまう可能性もあります。できるだけ上質な知識を蓄えていくためには、どうすべきか。

そのポイントは、次の4つです。

①グローバルな視点を持つ

まずは、世界中で受け入れられているグローバル・スタンダードを学ぶのがよいでしょう。グローバル・スタンダードとして、広く受け入れられていることは、その情報の「普遍性」を示す指標であるからです。

たとえば、あなたが映画の仕事に就《つ》きたいとしましょう。このとき、まず学ぶべきはハリウッドです。ハリウッドの演出術や脚本術、さらにはマネタイズのシステムまで学んでいく。日本語圏でしか通用しない日本ローカルの作品だけを追いかけていても、本質を知ることにはつながりません。

世界の国には言葉の壁があり、文化の違いがあって、人それぞれに信仰も異なります。それだけの隔《へだ》たりを超えて、たくさんの人に受け入れられるのは、内容が「普遍的」であることの証です。

どんなジャンルであっても、まずはグローバル・スタンダードから学ぶ。そうすれば、理解の基礎ができ、応用も利きやすい良質な知識が固められるはずです。

また、グローバルな視点を持っている人の教えを学ぶのもよいでしょう。

たとえば、「地域で一番の企業になるための方法」を語る人の講演を聴くより、「世界ナンバーワンのビジネスを興すには」という内容を話してくれる人の講演を聴くほうが、得られる刺激や知識は段違いに豊富で、多様なものになります。

このように、世界で勝負をしてきた人や、世界規模で物事を考えている人の教えを知れば、おのずとあなたの視野もスケールの大きいものになっていくはずです。

②古典に学ぶ

普遍的原則を学ぶ上で、もう一つ欠かせない重要なジャンルがあります。

それは、古典です。

実は、歴史的な史料を見ていくと、人間の悩みはどれだけ時代を経ても、あまり変化していないことがわかります。

たとえば、平安時代に書かれた世界最古の長編小説『源氏物語』には、恋愛における嫉妬や不安、葛藤《かっとう》、結ばれる幸せが数多く描かれています。その悩みや喜びは、いまを生きる私たちも共感できるものばかりです。

あるいは同時代の随筆『枕草子』では、鋭《するど》い人間観察がなされています。そこに描かれる人間の姿は、私たちと何ら変わりのないものです。また、清少納言の「夏は夜がいい」といった自然への感性に共感する人も多いでしょう。

このように長い年月を超えて、人びとが通じ合える古典には、人間の原理原則が詰まっていると言えます。だから、古典を学ぶことで、時代を超えて大切な「普遍的原則」を知ることができるのです。

そして、古典というのは、なにも文学作品だけではありません。

たとえば、経済学においてドラッカーはすでに古典と呼ぶべき存在ですし、自己啓発であればジョセフ・マーフィーやナポレオン・ヒルらの教えも古典と言って差し支えないでしょう。

もちろん、『論語』などの中国・儒教の古典を読むのも、あなたの人間性を高めるために、いい学びになるはずです。

古典的作品や古典的教えを「時代遅れ」だと蔑ろにするのは、その本質を知らない人の言葉です。古典からは、現代を生きるあなたの人生を豊かにする大切な知識を学ぶことができるのです。

③最新情報をつかむ

では、古典を学んでおけば、現在の世界情勢や未来への予測は知らなくてもいいのでしょうか？

そんなことはありません。古典も最新情報も、両方の学びがあってこそ、あなたの知識の貯蔵庫は盤石なものとなります。ですから、常に新しい技術や情報にもアンテナを張って、情報収集し続けるのも大切なことです。

たとえば、新しいデバイスが登場したら必ず自分で使ってみる。書店に行ったら新刊のコーナーをチェックする。ニュースアプリでＩＴ情報にも目を通す。こんなふうに、簡単なことで構いません。これらのちょっとした習慣を持つことで、目の前に広がる世界へのアンテナを常に稼働させておくことができます。

いまは、とにかく変化の激しい時代です。どんどん新しい技術が世界へ解き放たれているし、一人では追い切れないほどの情報があふれています。ですが、この時代を「もう追いつけない」とか「昔のままでいいのに」などと諦めないでほしいのです。新しいことを知る楽しさを忘れず、常に新しいものへの好奇心を持ち続けていきましょう。

④宗教を学問として学ぶ

本書で語っている自己啓発もそうですが、宗教など、人びとの心理に迫る学問のことを「なんだか怪《あや》しいよね」と毛嫌いする人はとても多いです。

たしかに、過去をふり返れば、誤った信仰心によって引き起こされた過激な事件もありました。ですから、そういぶかしむ気持ちも理解できます。

しかし、その叡智《えいち》を知らずして生きるのは非常にもったいないこと。人類の思想は、宗教とともに育っていったのです。宗教を学ばずに、私たち人間の営《いとな》みを理解することはできません。

たとえば、キリスト教の教徒数は世界で約24億人。世界でもっとも信仰人口が多い宗教です。歴史を見れば、キリスト教が国教化された地域も多くあり、政治や人びとの生活を決定づけるほどの影響力を持っていたことがわかります。

また、海外の文献を読んだり、海外の人たちと話したりすると、聖書由来の話が数多く出てきます。聖書（キリスト教）を知らずして、世界を知るのは不可能と言って構いません。

あるいは、ユダヤ教。マーク・ザッカーバーグやラリー・ペイジなど、世界の億万長者の多くはユダヤ人で、ユダヤ教は世界の金融界に多大な影響を与えています。

そのカギは、ユダヤ人のお金に対する考え方にあります。

たとえば、日本ではおおっぴらにお金の話をするのは卑《いや》しいこととされがちですが、ユダヤ人はお金の話を口にするのを恥じることはありません。むしろ、お金についての知恵をしっかりと身につけ、何世代も伝承してきているのです。

その一方で、お金に執着しないことや、豊かな者が社会へ積極的に還元することなども、彼らにとって当然の態度です。

こうしたお金に対する自然な態度や教えが、数多くの成功者を生んでいるのです。

そして日本においても、仏教の影響は計り知れないものがあります。

「安心」「覚悟」といった、私たちが日常で使う言葉にも、仏教の教えに由来するものはたくさんありますし、江戸期における までの日本人にとっての「思想」とは、もっぱら仏教と儒教に関連したものでした。

宗教とは、神を信じるとか、信じないとかの話ではなく、「なぜ生きるのか」や「どう生きるのか」を問い続ける学問なのです。

宗教に限らず、「怪しそうだから」といった偏見で、学問を食わず嫌いしてしまうのは、自分の可能性や視野を狭める行為です。そうして目を閉じてしまっては、あなたの人生に必要な〝ドット〟をみすみす逃すことになるでしょう。

現在、私たちの生きる世界には、モノも情報も、とにかく膨大《ぼうだい》な量が存在しています。そんな時代で、あふれる情報をただ浴びているだけでは、自分の人生に必要な情報をインストールしていくことはできません。

しっかりと情報を取捨選択しながら、あなたの成長のために必要な知識を蓄えていきましょう。

［WHO］出会いがインストールを変える

人生は、たった一つの出会いによってガラリと姿を変えるものです。

たとえば、元イングランド代表のサッカー選手、デビッド・ベッカム。彼はもともと、欧州サッカー界のスター選手にすぎませんでした。

しかし、歌手やモデルとして活躍していたヴィクトリアと出会い、結婚したことで、世界的なエンターテインメントシーンでも注目を集めるセレブリティへと変身していきました。日本でも高い知名度を持っていますが、彼女のプロデュースがなければ、これほど有名にはなっていなかったかもしれません。

実は、知識のインストールにおいても、これと同様のことが言えます。

「誰から学ぶか」によって、インストールの質が大きく変わってくるのです。

素晴らしい師に出会って、劇的に成長していく人もいれば、取るに足らない人の声を聞き続けてしまい、実力を伸ばせず人生を諦める人もいるでしょう。

では、私たちは誰から学ぶべきなのでしょうか？

真剣に耳を傾けるべき師と、凡庸な先輩とを見極めるにはどうすればいいのか。

まず大切なのは、「社会的信頼があること」と、「長年結果を出し続けている人物であること」の2点です。

社会的信頼とは、地位やお金だけで得られるものではありません。

周囲から一目置かれ、尊敬の対象になるような人は、例外なく立派な人格を兼ね備えています。つまり、彼らは「成功の秘訣」を知っているだけでなく、「より善く生きる道」をも知っている師なのです。地位やお金だけで相手を判断してはいけません。

また、運に恵まれたり、一時的な努力によって、一度成功をつかんでも、そこから転落していく人が多いのが現実です。

私は著者デビューして15年ほど経ちますが、一冊の本が出せたからと言って著者として一生安泰ということはないでしょう。それどころか、二冊目の企画がなかなか通らないという悩みを聞くことも少なくありません。出版に限らず、同じ業界で結果を出し続けるのは、そう簡単ではないということです。長年成果を上げ続けるためには、それだけの実力や努力が必要なのだと思っています。


ところで、どんな成功者にも悪評はつきものです。

誰が見ても成功者だと言えるイーロン・マスクにも、ビル・ゲイツにも、ウォーレン・バフェットにも、たくさんの悪評があります。

そうした悪評を聞いて、「あの人にはこんな悪い部分があるらしいから、参考にすることはない」と考える人もいるでしょう。


人はすぐに他者の欠点にフォーカスしたり、真偽不明の噂話を鵜呑みにして、その人の素晴らしい点までけなすようになってしまうものです。

しかし、たとえ99％の悪い部分があったとしても、結果を出していることは事実です。その実績を持つ人ならば、必ずあなたにとって参考になる部分があるはず。だったら、あなた自身の成長のために、１％のよいところのほうを評価して、教えを請うべきです。

成功者から何かを学ぶときには「美点凝視」を心がけてください。

いいところだけにフォーカスして、あなたの成長に必要な部分を吸収していく。成功者をキュレーションしていくのです。

［TEAM］
5人の仲間を吟味せよ

「誰と出会うか」に加えて、人は「誰と一緒に過ごすか」でも、人生が変わるものです。

これに関しては、世界一のメンターと言われるジム・ローンが提言した「5人の法則」がわかりやすいでしょう。

彼は、「あなたの周りにいる5人の平均が、あなただ」と言いました。

たとえば、年収1億円の5人に囲まれていれば、あなたもいずれは同等の稼ぎを得るようになるし、いつも愚痴ばかりを言っている5人と共に過ごしていたら、あなたも同じように愚痴を吐く人になる。これが5人の法則です。

この法則を疑う人もいるかもしれませんが、「甲子園常連校の野球部に入るのと、県大会初戦敗退のチームに入るのでは、どちらがプロ野球選手になれそうか?」と考えれば、誰と共に過ごすかで人生が変わるという説にも納得できるのではないでしょうか。

この「5人の法則」が示すように、日頃から「誰と一緒に過ごすか」も、知識のインストールにおいて、とても大切な観点です。

なぜなら、周囲にいる人とあなたのインプットとアウトプットは、密接につながり合っているからです。

周囲の人のアウトプットが、あなたの日常的なインプットの大部分を占《し》めています。そして当然、あなたのアウトプットは、周囲の人に常時インプットされていくのです。

たとえば、あなたが鉄道ファンで、普段から鉄道マニアの仲間たちとだけ過ごしているとします。

すると、あなたが日常的にインプットする情報は、鉄道関係の話題や、せいぜい撮影に必要なカメラ関係の話などばかりになるでしょう。つまり、インプットの幅が広がらないのです。

さらに言えば、共通の知識を持っているから、特段アウトプットの方法（伝え方）を考えずとも、仲間はあなたの話をスムーズに理解してくれるはずです。これではたいした刺激もなく、成長もない毎日になってしまいます。

では、そこに歌舞伎ファンや落語ファンの仲間が入ったらどうなるでしょう？

何でもない日常会話が、新しい知識をインプットする機会になります。

また、何も知らない相手にも興味を持って話を聞いてもらうために、あなたはアウトプットの方法を工夫するようになるかもしれません。

これらは、あなたに確かな成長をもたらしてくれるでしょう。

もしもあなたが、知識の貯蔵庫を豊かにして、よりよい自分へと成長したいと思うのならば、できる限り自分にはない魅力を持つ人と一緒にいるようにすべきです。

5人の仲間は徹底して吟味すべきなのです。

人生とは、人との関わりによって導かれていくものです。

素晴らしい仲間、刺激的な仲間と過ごすことは、あなたの人生を豊かにするばかりではなく、相手の人生をも豊かなものへと変えていきます。

あなたは今、どんな仲間に囲まれていますか？

［HOW］インストールの成果を高める方法

何をインストールするか。誰から学ぶべきか。

それがわかったら、次は「どうやって学ぶか」を考えていきましょう。

知識をインストールするといっても、ただ情報をなぞったり、技術的な練習をくり返したりするだけでは意味がありません。第4章でお話しした「ハードワーク」のように、精神的な面でも100％の状態で臨《のぞ》むことが大切です。

ここからは、具体的に「どうやって学ぶか」のポイントを3つご紹介します。

①目的意識を持つ

1日の中で、「SNSやメディアの情報を見ているだけ」という時間がありませんか？

玉石混交《ぎょくせきこんこう》のメディアにも有益な情報はあるし、SNSでの交流が良縁を運んできてくれることもあります。この時間もインストールのうちだと感じるかもしれません。

しかし、そこから得られる情報は、ほとんどがあなたの目的には関係がない、無駄な情報にすぎません。

スティーブ・ジョブズの「コネクティング・ドット」を思い出してください。

彼は、カリグラフィーの講義を漫然と聴いていたのではありません。カリグラフィーの世界に魅せられ、真剣に、本気で学んでいたのです。だから10年後、彼の「ドット」は接続されました。

つまり、受動的に情報を浴びるのではなく、能動的に目的意識を持って学びにいくことが大切なのです。

無目的な学びは、あなたに何ももたらしてくれません。

②お金を払って学ぶ

たとえば、会社のお金で通うセミナーと、自腹で参加するセミナーだったら、どちらのほうが本気になって学ぶことができるでしょうか？

当然、後者です。

自分でお金を支払えば、「このお金を無駄にしたくない」とか「知識をしっかり持ち帰ろう」という意欲が生まれ、セミナーに対して一生懸命に前のめりに参加できます。

また、お金を払わずに情報だけを得ようとするのは、相手からエネルギーを盗む行為だと言えます。略奪者に対して、「いいものをあげよう」と思う人はいません。相手からタダで盗みとるような態度では、質の高い情報や関係性は得られないのです。

お金という対価を支払い、それに見合った知識を得る。
そんな対等な態度があってこそ、気持ちのいいエネルギー交換ができるでしょう。

実際、成功している人ほど知識のインストールに多額の投資をしています。私自身もこれまでに1億円以上は自己投資をしていますし、ときには1000万円する高額なセミナーに参加したこともあります。

こう聞くと、「私にはそんなお金はありません」と思う人もいるでしょうが、まったく問題はありません。なぜなら、高額なお金をかけずとも、素晴らしい知識を得られる学習方法があるからです。

その方法とは何か。

それは、読書です。本には、成功した人がたくさんのお金と時間と情熱を注いで身につけてきた知識や考え方が詰まっています。しかも、本は、たった数千円程度、たった数時間で読むことができるものです。つまり、それだけのコストで、詰め込まれた叡智が手に入る行為が、読書なのです。

この最高の学習方法を逃すべきではありません。読書によって、高額なお金をかけなくても、きちんと上質な知識を学ぶことができるのです。

③主体的に学ぶ

いま、就職活動や転職活動において、会社を選ぶときに「しっかり指導してもらえる会社がいい」とか「研修が充実していてスキルアップできるところがいい」などと考える人が多くいるそうです。

私は、この意見にいささか疑問を覚えます。

学ぶことが仕事だった学生時代、私たちは、学校にお金を支払って教育を受ける「お客さん」側の立場でした。

しかし、社会人になると、自らの労働の対価として、会社から給与をもらう立場になります。

つまり、社会人になった瞬間から、あなたはもう「お客さん」ではないのです。「教えてもらう」立場ではありません。

自ら学び、その知識を活かして、会社に貢献する。それが仕事というものです。

言い換えれば、社会人になると、学びの機会を誰かから提供されることがなくなります。人に「これを学びなさい」と指示されることも、強要されることもない。

そんな環境の中で、私たちは知識のインストールを日常的に続けていかなければなりません。そのためには、常に主体的に学びの機会を探したり、自分で学習する場をつくっていく必要があるのです。

たとえば、ただ漢字ドリルをなぞる子と、漢字の成り立ちや書き順まで調べながらドリルを進める子とでは、どちらが確実に漢字を覚えられるか。答えは、はっきり想像できますよね。

それと同じように、どういう姿勢で学ぶかによって、学習の成果は何十倍も変わってくるのです。

学び方や心構えも最高の状態に整えて、最大限の成果を上げるインストールを重ねていきましょう。

［FEEL］
一流を体験せよ

実は、情報や知識をインストールするだけでは、知識の貯蔵庫の充実には不十分です。知見だけでなく、「体験」もインストールして初めて、知識の貯蔵庫は充実を見ます。体験を重ねることで、知識の輪郭がはっきりしたり、実践を通じた新たな学びがあったり。体験によって、知識はブラッシュアップされていくのです。


とくに大切なのが、「一流」を体験することです。

たとえば、ミシュランの星付きレストランで数万円のフレンチのコースを食べる。

あるいは、海外のリゾート地で5つ星のホテルに宿泊する。

1着50万円する高級ブランドのスーツを着るのもいいし、飛行機は必ずファーストクラスに乗ると決めるのもいい。

そうして、一流と呼ばれるハイクラスなサービスを体験するのです。

もちろん、慣れないうちは、楽しさや喜びよりも、居心地の悪さが勝るものでしょう。「自分は場違いなんじゃないか」とか「粗相があったらどうしよう」などと身体が硬くなり、緊張するはずです。

ですが、そんな居心地の悪さは、「成長痛」なのです。

これは前章でもお話ししましたね。


一流の場にいるのは、何らかの成功を遂げた人ばかりです。

一流の場へ行けば、成功者たちがどんな立ち居振る舞いをしているのかを間近で見ることができます。


トークの内容が聞こえてくることもあるかもしれません。

彼らがどんな視点を持ち、どんな生活をしているのか、どんな行動を取っているのかを学ぶ、絶好の機会なのです。

一流の場に慣れた成功者たちを間近に見ながら、「自分がこの場に調和するためには何が足りないのだろう？」と考えてください。すると、いずれは一流の空間にも馴染める自分へと成長することができるはずです。

さらに、一流を知ることは、不足を知ることを意味しています。

たとえば、ビジネスホテルにしか泊まったことがない人は、ビジネスホテルでのサービスしか知りません。一方で、一度でも一流ホテルに宿泊すれば、そのサービスの充実度や快適さを身をもって知ることになります。

すると、あなたの中には「またあのサービスが受けたい」という不足感が生まれるでしょう。その不足感は、あなたが努力するエネルギーになってくれます。

加えて言えば、上質なサービスやホスピタリティをリアルに知ることは、仕事をするときにも役に立つでしょうし、人間関係を良好に築いていく上でもプラスの影響があるはずです。

このように、一度の一流の体験で、多くの気づきがインストールできるのです。

とはいえ、一流を体験するには、ある程度のお金が必要になります。支払うのが難しい人もいるし、もったいないと思う人もいるでしょう。

しかし、見方を変えれば、「お金を払うだけでいい」のです。

それだけで、一流の人と空間を共有できたり、お客さんとして一流のサービスを受けることができる。そこで学べることには、必ず金額以上の価値があります。

居心地が悪くても、ちょっと金銭面で無理をしてでも、ぜひあなたにとって背伸びするような「一流の体験」を積んでほしいと思います。

座学では得られない価値が、そこにはあるはずです。

[ACCESS]
トップにアクセスするために

「一流を体験せよ」

こうアドバイスすると、「自分は一流の情報にアクセスすることさえできない」とか「どうやったら一流の場（人）に出会えるのかもわからない」などとネガティブなリアクションを示す人がいます。とくに20代くらいの若い世代の人であれば、人脈もなにもないでしょう。

ですが、そうしてまず「自分には無理」と諦めから入るクセは、もうやめにしてください。

たとえ今、あなたがどんな環境にいて、どんな人たちに囲まれていたとしても、あなたは必ず変わることができます。

あなたが変化し成長すれば、簡単に一流にアクセスすることができるようになるのです。

そのために必要なのは、まず、自分の目の前にある仕事に全力投球することです。
そこで、周囲からも認められる結果を出すこと。
それが何よりも大切なことです。

「いまの仕事をやり続けたって、一流には届かない」「もっと別のことを始めなくては人生は変わらないのではないか」と思ったでしょうか？

いいえ、そんなことはありません。なぜなら、人脈とは「最高の仕事」によって築かれるものだからです。

あなたが目の前の仕事に本当に真剣に取り組み、最高の仕事をしたならば、必ずそれを見てくれている人がいます。

その人はあなたを正当に評価し、新たな扉を開いてくれるはずです。

人間関係や仕事の縁は、そんなふうにつながっていくものなのです。

あなたが「一流の人と出会いたい」と探しているように、ほかの人たちも「一流の仕事相手はいないだろうか」と常に仲間探しをしています。

そして当然、一流の人ほど仲間の審査基準は高いもの。だから、その審査に通るだけの結果を残すことが、あなたが最初にクリアすべき関門なのです。


いまはさまざまな考え方がありますが、成功をつかむためには、目の前の仕事で、誰もが認めるほどの成果を上げること。それができるまでは、ワーク・ライフ・バランスなど考える隙間もなく、とにかく100%の力でハードワークを積み重ねるべきだと私は考えています。


そして、一つの実績を得られたなら、必ずそこからレベルアップした目標を掲げるようにしましょう。

大切なのは、目標は絶対に下げないことです。

「いまは人が足りないから」とか「これは苦手分野だから」などと言い訳をして、現状維持を目標にするのもやめましょう。

そうして、目標を少しずつ上げていけば、おのずとあなたの視線は上を向くことになります。よりレベルの高い情報を求め、質の高い行動をするようになるでしょう。

つまり、目標を一段ずつ上げ続けていくことは、あなた自身が成長の階段を上っていくことを意味するのです。

一段一段、成長していくと、段が上がるごとに、必ず出会う人やつき合う人のステージが変わっていきます。

そうなれば、アクセスできる情報も変わるし、体験することや潜在意識に入ってくる知識も、より上質なものへと変化していきます。

そして、気づいたときには、あなたの見える世界は変わり、一流のコミュニティに足を踏み入れているはずです。

成長というと、若い人だけのもの、若い人だけに言えることと思う人もいるかもしれませんが、そんなことはありません。

いくつであろうと、一流の成功者や、高い目標に突き進む人を見て、「自分には無理だ」と簡単に諦めないでください。

いつからでも、目の前のことを一歩一歩達成していくことで、人生のステージを上げていくことができるのです。


上質な知識と体験のインストールを積み上げて、潜在意識という知識の貯蔵庫を豊かにしていきましょう。

きっとそれは、いつかあなたのピンチを助け、素晴らしいひらめきをもたらしてくれます。その先には、より大きな世界で成功する人生が待っているのです。

第6章

奇跡は「当然の結果」として訪れる

すべての結果は必然である

あなたは「奇跡」を体験したことがありますか？

奇跡とは、常識では考えられないような神秘的な現象を指します。テレビや本などで取り上げられることは多いですが、自分自身に起こったという人はごく少数でしょう。

しかし私は、30代半ばで、奇跡と言える体験をしました。この出来事をきっかけにして、私の人生は180度変わることになります。


家族でドライブをしていたときのことです。

交通事故に遭ってしまい、妻が重傷を負いました。なんとか一命は取り留めましたが、医師からは「生涯植物状態か、最善でも重い後遺症が残るだろう」と宣告されたのです。

ところが、その数ヶ月後、妻は意識を取り戻し、そこからは医師も驚くほどの回復を見せてくれました。現在では、自分の足で歩き、自分で車を運転し、普通に暮らすことができています。

事故直後の妻の絶望的な状況を知っている人たちは、口々に「奇跡だ！」と驚いていました。もちろん私自身も、奇跡的な出来事だと心から天に感謝しました。


ですが、今ふり返ってみれば、妻の回復は偶然起こった出来事ではなく、家族の思い、つまり潜在意識の力がたぐり寄せた結果だと思うのです。

私を含めた家族全員が、妻の回復を心から信じていたし、そのためにできる努力はすべて行いました。たとえば、毎日休むことなく家族の誰かが病室に泊まり込んで看病をしたり（とくに妻の母の献身は病院のスタッフも驚くほどでした）、最良の治療を求めて情報を集め、全国各地の病院へ話を聞きに行ったりもしました。

そうした家族の献身的な姿から、病院スタッフのみなさんにも「助けたい」「絶対に治る」という強い思いが伝播しました。だから、いい医師との出会いが呼び込まれ、スタッフのみなさんの尽力が誘起されたのだと思っています。

家族の強い思いが自分を動かし、他者を動かし、当然妻にも伝わって、奇跡的な回復が現実となったのです。

私はそれ以来、端から見たら偶然起こった「奇跡」だと思えるようなことにも、その結果たらしめる行動が隠れているのだと考えるようになりました。

この考え方は、ジェームズ・アレンの『原因と結果の法則』（サンマーク出版）にも著《あらわ》されています。この本は、『人を動かす』（創元社）のデール・カーネギーや、『思考は現実化する』（きこ書房）のナポレオン・ヒルなどにも影響を与えた、成功哲学の源流とも言える一冊です。

あらゆる出来事の前には、必ず「原因」がある。

このこと自体に異を唱《とな》える人はいないでしょう。たとえば、毎日10キロのジョギングを続けていたら、心肺機能が強化され、ダイエットすることができる。当然の話です。

しかし、アレンが唱えた「原因」は、もっぱら「思い」のことでした。

つまり、「痩せたい！」とか「健康になりたい！」という強い思いがあるからこそ、ジョギングや食事制限などの行動が生まれ、ダイエットという結果につながる。思いの強さこそが環境を変え、運命を変えるのだとアレンは主張しました。

この主張に対して、「運」を引き合いに出して反論する人もいます。

「運に恵まれただけで成功する人もいるし、実力はあるのに運に恵まれず落ちていく人もいるじゃないか？」

しかし、運というのも、じつは本人の周到な準備によって呼び込まれるものではないでしょうか？

たとえば、素晴らしいビジネスパートナーに恵まれている人がいます。

それは、本人の「この事業で世の中を善くしたい！」という強い思いがあり、その目標に向けて、頑張ってきたからこそ、人から人へと縁をつないでもらえて、ベストな出会いが訪れたのでしょう。

あるいは、時流に乗って事業で成功した人がいる。この「時流に乗る」というのも、ただの運ではありません。

本人が強い思いを持ち、チャンスを見極められる目を育て、タイミングを逃さず、いつでも飛び込めるだけの準備をしていたからこそ、つかめた結果に他なりません。

このように「運がいい」という状況は、本人の思いと努力によって発生するものです。けれども、周りからは、その背景（努力）が見えないので、「運がいい」という言葉で表現されているだけなのです。

自分にとっていいことであれ悪いことであれ、あなたの身に起こるすべての出来事は、あなたの思いと行動によってもたらされる「当然の結果」です。

あなたが思いを持って努力をすれば、努力は実力を育て、応援者を生み、運を引き寄せてくれます。それらが折り重なることによって、自分一人では決して生み出せなかったような「奇跡」が訪れることがあるのです。

潜在意識にまつわる科学的視点

前章では、「知識の貯蔵庫」である潜在意識に、知識や体験をインストールすることの大切さをお伝えしました。アレンが唱えた「原因と結果の法則」も潜在意識と大きく関わる議論です。

そこで、本章では、潜在意識について、さらに踏み込んだお話をしたいと思います。

潜在意識を人びとに広めたジョセフ・マーフィーの著作には、潜在意識の力を使って人生を変えることに成功した実話がいくつも紹介されています。

ここで、一つご紹介しましょう。

カリフォルニア州の、ある会社の社長の話です。

彼は、新規で事業を興したものの、わずか数ヶ月で行き詰まってしまいました。

周りの人びとは、「再建は不可能だから傷が浅いうちに事業を整理しなさい」とアドバイスしたそうです。

助言に従って事業を整理するか。

反対を押し切って再建に向かうか。

彼は大きな岐路に立たされます。


そのとき思い出したのが、マーフィーのスピーチでした。

彼は、「こうありたいと強く願うだけで願望が実現する」というマーフィーの法則を信じ、再建への道を歩き始めます。

毎日、自分の会社が大きな工場や広々としたオフィス、立派な研究所を持つようになった姿をイメージしたのです。


数年後、彼の理想のイメージは、すべて現実のものとなりました。

倒産寸前だった会社を立て直し、最終的に大企業に育て上げた彼は、成功者として世界中から尊敬を集めるようになったといいます。

この話を聞いて、「そんなことはあるわけがない」と思う人もいるでしょう。いまだに「潜在意識なんて怪しい」という声が多いのも事実です。

しかし、潜在意識の力は怪しいものでも、おとぎ話のフィクションでもありません。それをお伝えするために、科学的な観点から潜在意識について説明してみたいと思います。

私たちの脳には、「RAS」という機能が存在します。

「RAS」とは「Reticular Activating System」の略で、「脳幹網様体賦活系《のうかんもうようたいふかっけい》」という機能の1つです。

このRASは、いいことも悪いことも関係なく、自分にとって重要な情報だけを認識させる「フィルター」のような役割を果たしています。

わかりやすく言えば、ＲＡＳというフィルターを通して、私たちの脳は見たいもの（重要だと思うもの）だけを見ているのです。


ＲＡＳの機能がよくわかる例として、二つの現象をご紹介しましょう。

一つめはカクテルパーティー効果。有名な心理学の現象なので、聞いたことがある人も多いかもしれません。

これはパーティーのような騒がしい会場の中でも、自分に関することだけを聞くことができる現象を言います。

たとえば、ザワついていて隣の席との距離も近いレストランでも、会話している相手の声に自然と集中できたり、学校の休み時間でガヤガヤしているときに、ふと自分の名前が耳に入り、気になって会話の内容を聞いてしまったりするようなことです。

私たちの耳は、周囲の環境のうち、自分に必要なことや重要な情報だけを選択して聞き取ることができるのです。

もう一つは、視覚にまつわる現象で、カラーバス効果と呼ばれています。

これは、ある一つのことを意識することで、それに関する情報を積極的に認知するようになる現象を言います。

名称は「Collor(色)」と、「Bath(浴びる)」に由来していますが、色の認知に限らず、言葉やイメージ、モノなどあらゆる事象に対して起きるとされています。

たとえば、犬を飼い始めてから近所に愛犬家が多いことに気づいたり、新しい仕事を始めると関連する書籍や記事ばかりが目につくようになったりするのが、「カラーバス効果」です。

私たちはこうした身近なところでも、RAS機能の働きを実感することができます。

RAS機能でポイントとなるのは、
「自分にとって重要な情報を認識する」
という点です。

「どんな情報をキャッチするのか」という判断基準は、あなたの中にある。

言い換えれば、ＲＡＳのフィルターは恣意《しい》的、つまり勝手気ままに設定することができるのです。

先ほどのカリフォルニアの社長の例で考えてみましょう。

彼は、「絶対に会社を再建できる」「大きなオフィスを持ちたい」という強い目標を掲げていました。

すると、彼の脳は「再建するための情報」や「大きなオフィスを持つための情報」を重要だと判断して、関連する情報を無意識に収集するようになります。

そうして必要な知識が蓄えられることで、キーパーソンとの出会いを引き寄せたり、足元に転がっているチャンスが目に入ったり、実現に近づくための行動が取れるようになりました。そんな前進が積み重なり、最終的には「事業を再建する」「大きなオフィスを持つ」という願いを実現することができたのです。

つまり、

「成功をイメージすれば願いが叶う」というマーフィーの法則の裏側には、RASの機能が隠れているのです。

RASは、われわれ人間全員に備わった脳の仕組みですから、「願えば叶う」は、誰にでも当てはまる真実だと言うことができます。

「願えば叶う」への最大の誤解

「願えば叶う」は真実である。

とはいえ、まだまだ反論は聞こえてきます。

たとえば、私が講演会でマーフィーの法則をお話しすると、必ずと言っていいほど、こんな疑問が挙がります。

「願ってみたけれど、まったく願いが叶わない」

たしかに、世の中のほとんどの人は「幸せになりたい」と願っているはずです。それなのに、幸せになっている人もいれば、そうでない人もいる。マーフィーの主張とは矛盾しているようです。

しかし、願っているけれど叶わないという人は、願う方法が間違っているのです。だから、潜在意識がちゃんと活用されずに、願いが実現しない。「願えば叶う」を実現するためには、「強く」願わなければなりません。

では、「強く願う」とはどういうことでしょうか？

「強さ」には3つの種類があります。

①不断であること

まず、願いを途切れさせてはいけません。「毎日24時間頭から離れない」というくらいに、不断にその願いを考え続けている必要があります。なぜなら、思いが寸断されてしまうと、潜在意識にしっかりと浸透していかないからです。

とはいえ、24時間ずっと「○○がしたい」「○○になりたい」と呪文のように唱えろと言いたいわけではありません。

私たちの願いを途切れさせてしまう一番やっかいな敵は、「疑いの心」です。

ほんの少しでも「無理じゃないか」とか「できないかもしれない」などと実現を疑え

ば、願いのエネルギーは途切れてしまいます。

たとえるなら、願いを途切れさせないとは、自分の心を赤一色に染め上げるようなものです。そこに1滴でも青のインクがこぼれたら、心の色全体が濁《にご》ってしまう。つまり、数ミリの猜疑心《さいぎしん》で、願いは濁ってしまい、叶えられなくなるのです。

強く願うためには、1滴も疑ってはいけません。潜在意識の力も、あなた自身の力も、成功をつかむ未来の姿も、100%の心で信じてください。

②本気であること

潜在意識には、本気の願いしか届かないものです。

本気とは何か?

それは「純粋さ」です。

マーフィーは、潜在意識の力を活用するコツを「赤ん坊のように願うこと」だと言っています。赤ちゃんは、「純粋な願い」を体現している、最高のお手本です。

限りなく無力であるはずの赤ちゃんは、自らの欲求を純粋に訴えることで、周囲の大人を動かして、願いを叶えています。願いを発するのに躊躇うこともないし、大人たちに遠慮することもありません。

なぜなら、ミルクをもらうことやおむつを替えてもらうことは、赤ちゃんにとって死活問題だから。叶えてもらえなければ死んでしまう、まさに本気の願いなのです。

あなたは、赤ちゃんと同じくらいに純粋に、本気で願っているでしょうか？

たとえば、「事業で成功したらいいな」くらいの、ゆるい願いしか持っていない場合、本気とは言えません。

むしろ、「○○ができたらいいな」という願いは、潜在意識にとってみれば「○○できなくても構わない」と同じ意味に受けとられます。

潜在意識に届けるには、「絶対に○○するぞ」と言い切らなくては始まらないのです。

ぼんやりした「お願い事」が叶うことは絶対にあり得ません。

願いを叶えるためには、もっと真剣に、純粋に、本気で願わなければならないのです。

③明確であること

成功哲学の古典とも言える書籍に、ナポレオン・ヒルの『思考は現実化する』（きこ書房）があります。

この本で、彼は「目標設定を明確にして、不断の努力をする。だから思考（思い描いている理想）は現実化するのだ」と潜在意識の本質を説きました。

その通り、潜在意識の力を使うためには、目標を明確にするプロセスが欠かせません。

たとえば、「お金持ちになりたい」と願っても、その願いが叶うことはあり得ません。

なぜなら、目標が曖昧だからです。

月収20万円の人が、月収25万円になる。

これは、収入が増えているのですから「お金持ちになる」ことだと言えます。

あるいは、月収１００万円になるのも、月収１０００万円になるのも、同じように「お金持ちになる」ことだと言えます。つまり、「お金持ちになりたい」という願いでは、どの状態を目指せばいいのかがわからないのです。

ただし、お金にまつわる目標設定に関しては、第3章で「金額を設定するのは上限を決めるようなもので、推奨しない」とお伝えしました。

同様に、ここでも私は「金額を設定しろ」と言いたいわけではありません。

大切なのは、目標の大きさではなく、目標の明確さなのです。


仮に、あなたの目指す「お金持ち」が月収1000万円だったとします。

では、1000万円をどう使うかをイメージできているでしょうか？

数字だけの目標にしていないでしょうか？

なぜ月収1000万円が必要なのかを説明できるでしょうか？

こうした問いに答えられなければ、まだ「明確」とは言えません。

お金とは、「使い途《みち》を知っている人」の元に集まってくるものです。あなたが月収1000万円の使い途を明確にイメージし、そのお金をはっきりと求めなくては、あなたの元にお金が集まってくることは一生ありません。

お金ではない目標についても考えてみましょう。

たとえば「豪邸に住みたい」という願いがあるならば、「こんな立地で、こんな間取りの、こんな調度品がある家に住みたい」と具体的にイメージするのです。

立地を考えれば、その土地に関する情報がたくさん入ってきます。これは先ほど説明したRASによる機能です。

間取りを考えれば、自分の目標とするライフスタイルが見えてきます。

書斎で仕事をして、ゲストルームをつくって、週末は広い庭で友人たちとバーベキューをして、と生活をリアルに想像するようになります。

調度品を考えれば、家具のブランドや素材についての情報が仕入れられるでしょう。すると、ホテルに泊まったときにも、自然と調度品に目が向くようになります。

このように、目標が明確になればなるほど、あなたの願いは強くなり、潜在意識が働きやすくなるのです。

潜在意識に「願えば叶う」力があるのは、疑いようのない真実です。
しかし、ぼんやりと願っているだけでは、何も手に入りません。
潜在意識は、願いを叶えてくれる魔法のランプではないのです。
不断に、本気で、明確な願いを抱いてください。
夢に向かう戦略や緻密な計算があってこそ、潜在意識は力を発揮するのです。

潜在意識が魔法ではないとわかり、ガッカリした人もいるでしょうか？
でも、逆に言えば、３つの強さを手に入れたなら、あなたが願うことはどんなことでも叶えられるようになります。

あなたが本気で求めれば、人生で望むものはすべて手に入るのです。
潜在意識は魔法ではありませんが、強力なパワーを持っています。
あとは、あなたが潜在意識を理解し、使いこなせるかどうかにかかっているのです。

努力は「つらい」か？

「1万時間の法則」を知っていますか？

人に認められるほどの結果を出せる人間になるためには、およそ1万時間の投資が必要だという説のことです。

「1万」という数字は、何かを極めたプロが練習に費やしている時間を調査して、導き出されたものです。2008年にジャーナリストのマルコム・グラッドウェルが著作で発表し、いまでは広く知られた基準となりました。

実は、この「1万時間の法則」も潜在意識の力に関わるものです。

1万時間も、何か一つのことを継続する。

すると当然、潜在意識にはそれだけ大量の思いや知識、努力が蓄積されていくことになります。

結果として、実力がつき、応援者や運も引き寄せて、成功をつかむことができます。

本書を読んできたあなたなら、これは「当然の結果」であることがおわかりでしょう。

とはいえ、1万時間とは、1日も休まず、毎日3時間の練習を続けたとしても、9年以上かかるほどの時間です。

そんな膨大な時間を費やすのは、無理だろうと諦める人もいるかもしれません。

ですが、成功者に言わせれば、無理なことではないのです。

本当に1万時間もの時間をかけて努力を継続し、プロになった人たちは、その時間に対して「つらさに耐えて努力をした」という自覚はまったくありません。

ただただ好きなことに没頭していたら、自然とそれだけの時間が経っていた、というのが率直な感覚のようです。

実際、日米で数々の記録を打ち立てた元メジャーリーガーのイチロー選手は、あるインタビューで「好きなことをやっていると、人からそれを努力と言われても、自分ではそう思わない」と答えています。

反対に、「プロになるためにはつらい努力が必要だ」と考えていれば、自分を追い込んで、成功する前にどこかで心が折れてしまうでしょう。もしくは、「自分はつらい努力を積み重ねてきた」という感覚を持っていたら、結果が芳《かんば》しくなくとも、苦労したこと自体に満足感を覚えてしまう可能性もあります。

私自身も、努力を努力とは思っていない人間です。

これまでもお話しした通り、私の本業は歯科医師で、その傍《かたわ》らで執筆活動や講演活動を行っています。手術を何件もこなした後、睡眠もそこそこに東京へ移動して取材を受けたり、講演活動で全国を飛びまわったりするのも日常茶飯事です。

「そんな毎日では疲れるでしょう」と言われたり、「精力的ですね」と驚かれることも少なくありませんが、自分では、それほどの疲れを感じたりすることはありません。「大変だ」とか「休みたい」と思うこともありません。

私にとっては、そうしたスケジュールのすべてが、自分の人生のミッションを実現していくための過程です。自分自身の夢を実現するために行動しているので、疲れるどころか、楽しくて仕方がないのです。

もしもあなたが、日々の仕事や生活の中で「疲れた」「つらい」と思うのならば、「なぜ疲れるのか」とその理由を考えるべきです。

体力的な問題かもしれないし、時間管理ができていないからかもしれません。

自分で物事を自由に決められない、他律的な生活環境にいるから、ストレスを感じているのかもしれません。そもそも、今やっていることは、あなたが本当にやりたいことではないのかもしれません。

本当にやりたいことをしていたら、どれだけ忙しくても時間がかかっても、努力（行動）を「つらいこと」とは思わないでしょう。
やりたいことであっても、体力に問題があってうまくいかないというのであれば、すぐに「どうすれば解決できるか」と改善に向けて頭をひねるはずです。
本当に好きなことややりたいことに向き合っている場合には、「努力＝つらいこと」という方程式は成り立ちません。

楽しさが勝り、問題解決に向かう気力が尽きない。

そんな状態が続けば、1万時間の基準も、いつのまにか超えているでしょう。

成功者の考え方を分析する

ここまで「成功するためにはどうすればいいのか」というお話を伝えてきました。

成功の定義はさまざまありますが、ここで改めて、成功している人とはどんな人なのかを考えてみたいと思います。


私は、これまでにたくさんの成功者にお会いしてきました。

何百万部もの著作を刊行している著者や、世界的な実績と信頼を持つ医師、グローバル企業の幹部、高額納税者名簿にも名の挙がっていた社長など。活躍されている業界はそれぞれに異なりますし、性別も年齢も性格もバラバラです。

しかし、すべての成功者のみなさんには共通している点がありました。

それは、「自分の目標に集中していること」です。

成功者は、とにかく自分のことに時間をかけて、自分の価値を高めることだけを考えて行動しています。

これは、会社の経営者であれば、会社のビジョンに集中していると言い換えても構いません。

「自分に集中している」姿勢が一番よく表れるのは、人づき合いです。

「人脈を広げるのが何よりも大切だ」と語る自称・成功者は多いものですが、実は、本物の成功者は真逆の考え方を持っています。むしろ、人づき合いの場には積極的に参加しない人のほうが多いのです。

まず、「みんなが行っているから」とか「顔を出さないと悪いから」「いい出会いがあるかもしれないから」などという理由で、重要でない会食や気が乗らないパーティーに参加することはありません。

また、「あのときよくしてもらったから無下にはできない」などと情に流されることもありません。

なぜ、そんな割り切ったつき合い方をするのか。

それは、上辺の人づき合いよりも、自分の学びのため、目標達成のために時間を使うほうが有意義だと知っているからです。

成功者は時間もエネルギーも一切無駄遣いせずに、すべてを自分（会社）の成功のために注いでいます。

たとえば、スティーブ・ジョブズは、服を選ぶ時間とエネルギーが無駄だと考え、いつも同じタートルネックを着ていました。

一方で、彼はただの仕事人間だったわけではなく、日本まで浮世絵の買いつけに来たり、京都にある贔屓の蕎麦屋さんで舌鼓を打ったりしていたのです。

「自分に集中する」というのは、一見、自己中心的な考えに見えますが、そうではありません。

成功者たちは、自分が成長することによって、社会に大きく還元することが、自らの使命だと思っているのです。

社会を善くするために、自分が成長したい。

その考え方は、実に利他的だと言えます。

また、批判や嫉妬などのマイナスな声に振りまわされないのも、「自分に集中している」一例でしょう。

成功者は、自分の成長につながる内容ならば、誰からの批判であっても、ありがたいアドバイスとして受け入れます。

反対に、自分の価値の向上につながらない、単なる批判や嫉妬からくる言葉であれば、すべてを軽く受け流すのです。

周囲からの声を聞く上でも、「自分（会社）の価値向上に寄与するか」というブレない軸があるから、きっぱりと選別できます。

利のないネガティブな言葉を、たやすく弾《はじ》くことができるのも成功者の特長です。

このように、「自分に集中する」姿勢は、言い換えれば、自分にとって必要な情報だけに目を向けているということでもあります。

そうすると、潜在意識にいい情報しか蓄積されず、目標に向かって、潜在意識はどんどん活性化していきます。成功者は、もれなく潜在意識を活用しています。

歴史を見ても、潜在意識を使いこなしていたと思われる偉人は数多くいます。

レオナルド・ダ・ヴィンチ、シェイクスピア、パスカル、モーツァルト、ゲーテ、エジソン。かのナポレオンは「想像力は世界を支配する」と言っていますし、アインシュタインも「すべては想像から始まる」という言葉を残しています。

潜在意識の力を使いこなしている人こそが、成功を手にしていると言っても過言ではありません。こんなふうに、成功者について分析することで、成功する人とそうでない人との違いがわかります。

自分より優れている人を見つけたら、「自分とはどこが違うのだろう？」と差違に目を向けてください。

「なぜ、この人にはできているのに、自分にはできないのだろうか？」と考えるのです。

素晴らしい人と出会ったときに、ぼんやりと、その人の全体を見て「すごい人だ」と思っただけでは、まったく成長できません。いつまでたっても成功者と自分との間に線を引いて、向こう岸を物欲しそうに眺めることになります。

成功者に会ったなら、一つひとつの素晴らしい要素に目をこらして、その組み合わせを観察し、相手の「すごさ」を具体的に理解するようにしましょう。

すると、自分との差違が見つかり、自分の不足点を知ることができます。それが、あなた自身の成功の足がかりをつかむことになります。


「あなたは変わることができる」

「成功をつかむことができる」

本書で再三お伝えしてきたメッセージですが、ここでは別の視点から言葉を贈ります。
成功している人は、生まれながらに何か特別な才能を持っているわけではありません。
成功するための特別な努力のプログラムがあるわけでもありません。
ただ、普通の人とは少し考え方が違うだけなのです。

成功者の考え方を観察し、自分にも取り入れていけば、あなたも必ず仲間入りを果たすことができます。

誰でも、いつからでも成功への道を歩き出すことができるのです。

人生にミッションを掲げ、ビジョンを立てよ

本書も、ついに終わりにさしかかりました。私がこの本であなたに届けたい最後のメッセージは、「人生にミッションを掲げ、ビジョンを立てよ」ということです。

これまでも、「目標を持ってください」とくり返しお話ししてきましたが、改めてその大切さをお伝えしたいと思います。

ミッションとは、人生で果たすべき使命のこと。
そして、ビジョンとは、自分のありたい姿を指しています。

こうして「ミッション」や「ビジョン」という言葉を使うと、社会的にいいことや、道徳的に正しいことなど、何か大層なことを言わなくてはならないように感じるものです。

そのせいか、「自分にはミッションが思い浮かびません」という人も多いでしょう。

しかし、ミッションもビジョンも、そんな制約はまったくありません。

たとえば「自分の目の前の人を笑顔にしたい」とか「健康に暮らしたい」といった身近な願いも「ミッション」だと言ってもいいのです。


ミッションとは「エゴイスティックなもの」であるべきだと、私は思っています。

なぜなら、エゴイズム（利己主義）から生まれるものでなければ、強い思いにはならないからです。


たとえば、なんとなく入った会社で、開発に携わっていない製品の営業を突然任されても、売り込みに力が入らないでしょう。

反対に、ずっと夢だった業界に入り、初めて自分で企画から携わった商品ならば、「絶対にヒットさせたい！」と営業活動にも力が入るはずです。

このように、自己中心的でリアルな体験が付随してこそ、思いは強くなるものです。

あなたがなりふり構わず、ただ自分の幸せのために「これを実現したい」と夢見ることこそが、ミッションの種なのです。

では具体的に、どうすれば自分の人生のミッションがわかるのでしょうか？

ミッションを見つけようと思ったときに有効なのがドラッカーの考え方です。

彼は、著書『非営利組織の経営』（ダイヤモンド社）の中で、

「あなたは何によって憶《おぼ》えられたいですか？」

と問うています。

自分の死後、人びとから記憶されるときに、どんなことを成し遂げた人だと認識されたいか、ということです。

これはまさに、人生を通して達成したいこと（あなたのエゴ）が表れる問いでしょう。

ドラッカーは、「一生を通じて、自らに問い続けていく。それだけで人生が変わる」と言っています。

では、たとえばあなたが「たくさんの人を笑顔にした人物」として記憶されたいとしましょう。そうしたら次に、自分の願いを深掘りしていきましょう。

「どんな経験が、その願いを生んでいるのか？」

小学校時代、クラスの人気者だった自分が浮かんでくるかもしれません。

「その経験をしたときのあなたの感情はどうだったのか？」

みんなが喜んでくれたときのこの上ない快感を思い出すかもしれません。

「これらから見えてくるあなたが大切にしている価値観は何なのか？」

誰かの喜びこそが自分の喜びなのだと気づくかもしれません。

このように、自分の心の内と対話をすることで、だんだんと自分にとってのミッションが明確になっていくはずです。

そして、ミッションが定まれば、おのずとビジョン（ありたい姿）も浮かび上がってくるでしょう。

もしかしたら、「自分にはまったく見えてこない」という人や、「考えが一つに定まらない」という人がいるかもしれません。

そんな人は、まだ人生におけるミッションを考える時期にはないのだと思います。

私自身、自分のミッションが見えたのは30代後半のことでした。それまではずっと、ただ目の前の仕事に必死になっていただけで、人生の目標なんて大きな視点で物事を考えたことは一度もなかったのです。

ですから、いまミッションが見えない人も焦る必要はありません。「まだ時期じゃないのか」と割り切って、目の前のことに集中していきましょう。

そうして、目の前に立ちはだかる小さな目標に奮闘していれば、いずれは自然とミッションが見えてくるはずです。

ミッションは生きる上での大きな軸です。

ミッションが明確になると、どんなときでも「これは自分のミッションに沿っているか？」を基準に行動したり、選択することができるようになります。すると迷いが消え、人生はぐっとシンプルになる。生きるのが楽になるでしょう。

また、努力の方向性が定まることでエネルギーも強くなって、リスクや悪意をはねのけられるようになります。それは、チャンスを引き寄せることも意味します。

ミッションを明確に定めることによって、あなたの行動は変わり、潜在意識の力が開花するのです。

潜在意識の力を使いこなせるようになると、「奇跡」と称される出来事さえも、あなたにとっては「当然」のことになっていきます。いずれは、これまでの人生からは想像もできないくらいに大きな成功をつかみ取ることができるでしょう。

おわりに――新しいステージに向かって

「グレート・リセット」という言葉を知っていますか？

新型コロナウイルス感染症が流行し始めた直後の２０２０年に開催されたダボス会議（世界経済フォーラム）で掲げられたキーワードです。

ダボス会議とは、経済や政治分野のリーダーたちが一堂に会し、世界情勢について議論する場。そして、「グレート・リセット」は、現在の経済や社会のシステムを白紙に戻し、新たなシステムを構築することを指します。

なぜ、「グレート・リセット」の必要性が説かれたのでしょうか？

これまでも、たくさんのリーダーたちが世の中を善くしようと奮闘してきました。

しかし、誰かが世の中を変えようと頑張っても、それは接《つ》ぎ木をするようなもので、社会そのものが変化することはありませんでした。

そこにきて、われわれに襲いかかったのが、未曾有《みぞう》のパンデミックです。加えて、経済格差や気候変動、エネルギー問題など、喫緊《きっきん》の課題も多数存在しています。

そして、最も重要なのは、いまのままの社会では、これらの地球規模で深刻な問題を解決することができないという事実です。つまり、いま、社会には根本的な変化が求められているのです。

本質的な変化のためには、既存の社会システムを一旦リセットし、一からつくり直さなければなりません。そんなコンセンサスがあって、「グレート・リセット」がキーワードとして掲げられたのです。


この原則は、あなた自身にも当てはまります。

私たちは、「変わりたい」と思って小さな変化を起こしても、すぐ元の自分に戻ってしまいます。「変わることができた」と思っても、それは今の延長線上で変わっただけの姿にすぎません。

本当に自分を変革したり、人生のステージを変えるといった、大変容を起こすには、まず「グレート・リセット」をする必要があるのです。

私は、これまで潜在意識に基づく成功哲学や、自己変革の在り方について、たくさんの著書を上梓してきました。

ですが、本書では、初めて「リセット」について筆を執《と》りました。「変わりたいのに変われない」と悩む人たちに必要なのは、成長するための方法を学ぶことではなく、もっと手前にある「リセット」の技術を身につけることだと感じたからです。

「リセット」とは、まったく新しいフィールドの、新しいスタートラインに立つことです。これまでの「普通」や「当たり前」を手放して、一から新しい「あなた」を構築し、再起動させることです。

そんな「リセット」は、あなたの人生における「新章の幕開け」です。

ここから先の物語は、まだまっさらな状態です。

作者であるあなたが、これから好きなように綴っていくことができます。

もちろん、書き始めた物語が気に入らなかったら、つまり、また「変わりたい」と思ったならば、再び章を改めるのもいいでしょう。

「リセット」はいつでも、何度だってできるのですから。

そうして自己刷新と自己変革をくり返すことで、あなたは、なりたいものになれるし、欲しいものを手に入れることができる。最高の人生をつかみ取ることができます。


あなたの中にある、無限の可能性を信じてください。

未来は、自分の手で自由につくることができる。

あなたが、素晴らしい未来を実現していくことを願っています。

井上裕之

著者プロフィール

井上裕之（いのうえ・ひろゆき）

1963年北海道生まれ。東京歯科大学大学院修了後、世界レベルの技術を学ぶためニューヨーク大学、ペンシルベニア大学、イエテボリ大学で研鑽を積み、医療法人社団いのうえ歯科医院を開業。理事長を務めながら、東京医科歯科大学、東京歯科大学非常勤講師、インディアナ大学客員講師など国内外の7つの大学で役職を兼任している。その技術は国内外から評価され、とくに最新医療、スピード治療の技術はメディアに取り上げられ、注目を集める。いのうえ歯科医院理事長、歯学博士、経営学博士。世界初のジョセフ・マーフィー・トラスト公認グランドマスター。本業のかたわら世界的な能力開発プログラム、経営プログラムを学び、独自の成功哲学「ライフコンパス」を編み出し、「価値ある生き方」を伝える著者として全国各地で講演を行っている。著書は80冊を超え、累計130万部を突破。

井上裕之公式Webサイト
https://inouehiroyuki.com/

RESET［リセット］
――新しい自分を「再起動」する方法

2023年9月15日　初版第1刷発行

著者　井上裕之
発行者　櫻井秀勲
発行所　きずな出版
東京都新宿区白銀町1-13
電話03-3260-0391　振替00160-2-6333551
https://www.kizuna-pub.jp/
印刷　モリモト印刷
構成　水沢環（batons）
編集協力　古賀史健（batons）
ブックデザイン　小口翔平＋青山風音＋村上佑佳（tobufune）

ISBN974-86663-219-3